共情沟通

晓安◎编著

让谈话更有效的方法

中国纺织出版社有限公司

内 容 提 要

深谙一些说话的技巧，通过实践活动练习，把它变成自己的一种沟通风格，这样就没有做不成的事情，没有沟通不了的人，没有拿不下的订单。

本书阐述了生活中大小事所需要的言语技巧，帮你说出想说的话，帮你巧妙地拒绝人，帮你有技巧地应对，从而掌握谈话局面，最终成事。

图书在版编目（CIP）数据

共情沟通：让谈话更有效的方法 / 晓安编著. -- 北京：中国纺织出版社有限公司，2020.9（2021.6重印）
ISBN 978-7-5180-7387-0

Ⅰ. ①共… Ⅱ. ①晓… Ⅲ. ①口才学—通俗读物 Ⅳ. ①H019-49

中国版本图书馆CIP数据核字（2020）第076549号

责任编辑：江 飞　　责任校对：王蕙莹　　责任印制：储志伟

中国纺织出版社有限公司出版发行
地址：北京市朝阳区百子湾东里A407号楼　邮政编码：100124
销售电话：010-67004422　传真：010-87155801
http://www.c-textilep.com
中国纺织出版社天猫旗舰店
官方微博http://weibo.com/2119887771
三河市宏盛印务有限公司印刷　各地新华书店经销
2020年9月第1版　2021年6月第2次印刷
开本：880×1230　1/32　印张：7
字数：122千字　定价：39.80元

凡购本书，如有缺页、倒页、脱页，由本社图书营销中心调换

前言

　　人生无非就是两件事，说话和做事，两者看起来好像不相干，却又是紧密相连的。做事，离不开日常交流，也离不开社会活动，而语言又是人际交往的媒介，起到桥梁的作用，所以，谁拥有了说话的本领，谁就能办成事。换而言之，没有什么事情是谈不成的。

　　日常交际中，说话就是一种情感的交流。很多时候，把话说好、说到位会起到事半功倍的效果，话说好了，事也成了。面对不听话的学生，赞扬比冷漠的指责更能激起他们的自信心和进取心；面对病人，医生一句温情的问候比药更管用；面对沮丧的员工，上司的肯定会激发其工作热情，比发奖金还管用。

　　谈话对象不一样，我们说话的技巧也不一样，遇到什么样的人说什么话，在什么场合发表什么言论，这些都是非常讲究的。如果我们不分场合、不分对象胡言乱语，一定会招人反感，还可能会影响做事。说话办事是一个人能力、才干的展现，把话说好了，才能把事情办得圆圆满满、得心应手。不管做什么事情，领导吩咐的，下属请示的，同事委托的，朋友嘱咐的，一旦我们言语恰当，事情就会办得明明白白，而不是稀

里糊涂。

在言语沟通中,我们要善于了解客户的需求,打动对方的心,成事就是我们的目标。把话说到位了,适合一次性沟通,也适合长期地保持良好的关系。

在现实生活中,说话和做事是相辅相成的,会说话是为了更好做事。人生的价值其实就通过所做的事情体现出来,同时,也只有通过做事,在沟通中不断练习,才能更好地学会如何说话。生活中没有谈不成的事情,很多事情都是因沟通得当而做成的,会说话,也会做事;会做事,就先学会说话。可以说,会说话是成事的重要内涵,掌握了说话的技巧,事就可以办得漂亮、圆满。

编者著
2020年2月

目录

第一章 会说话,让你再也没有谈不成的事 _001
　　学会沟通,人生之路更顺畅 _002
　　勇敢无畏,敢于开口交流 _006
　　长得漂亮,不如说得漂亮 _008
　　察言观色,把话说到对方的心坎儿上 _011
　　有能力,大胆"说"出来 _015

第二章 善用幽默,一开口便赢得他人好感 _019
　　幽默可以获得交际对象的好感 _020
　　幽默,让你成为朋友中的开心果 _023
　　巧妙运用歇后语和俗语 _026
　　即兴调侃,当众释放魅力 _029
　　关键时刻,一句话给别人解围 _032
　　恰当的颠倒逻辑,不妨风趣一番 _034

第三章 顺利表达,令人称赞的说话之道 _039
　　没有人不喜欢听故事 _040
　　假借别人的口,表达自己的心声 _042
　　认同对方的观点,再顺势说出自己的想法 _045

因地制宜说话，唤醒听众的热情 _ 048
识破对手的真实意图，掌握主动权 _ 050

第四章 学会提问，是有效沟通的开端 _ 055

有教养的头脑，总善于提问 _ 056
提问之前，想好问什么 _ 059
连续向对方提问，压倒对方的气势 _ 064
让对方多谈自己得意的事情 _ 068
说对方喜欢的事情，让对方多说 _ 071
简单寒暄，让气氛活跃起来 _ 076

第五章 含蓄表达，曲径通幽话委婉 _ 081

迂回曲折地表达内心本意 _ 082
含糊其词，不正面回答对方的问题 _ 084
不可随口一说，就怕听者有心 _ 086
委婉指出错误，引导对方积极思考 _ 089
赞美式批评，给足对方面子 _ 092
言简意赅，把话说到点子上 _ 095

第六章 巧言说服，令人心服口服 _ 099

认同效应，使对方心服口服 _ 100
有效的说服技巧，让人际关系更融洽 _ 103

步步为营，循序渐进地说服对方 _ 108
尊重个体差异，理解对方的想法 _ 109
感同身受，顾及他人的感受 _ 112
少费口舌，运用从众心理说服他人 _ 116

第七章　善用赞美，好言好语让你事半功倍 _ 121

善于发现美的眼睛，你会更受欢迎 _ 122
从对方兴趣着手，俘虏他的心 _ 125
具体而微的赞美，更有信赖度 _ 128
发自内心，真情实意地赞美他人 _ 131
赞美不能太笼统，需要有针对性 _ 134
先恭维对方，满足他的虚荣心 _ 137

第八章　化解矛盾、摆脱尴尬的语言诀窍 _ 141

和稀泥，用恰当言语缓和紧张气氛 _ 142
不想回答时，不妨用模糊语言作答 _ 143
巧妙转移话题，及时缓解局面 _ 146
面对他人的无理取闹，临危不乱 _ 149
峰回路转，妙语打破僵局 _ 152

第九章　委婉而言，随机应变的口才技巧 _ 157

迂回曲折，适时说点柔软的话 _ 158

镇定自若，把错话说"圆" _160
用机智的语言去反驳对方 _165
巧妙回避，耍小花招摆脱僵局 _169
利用时机给自己解围 _172

第十章　择言而谈，成功的交谈需要把握尺寸 _175

给对方说话的机会，而不是你滔滔不绝 _176
谨言多听，别总是喋喋不休 _179
替别人保守秘密是一种道德 _183
过度劝说，容易激起对方的逆反心理 _186
给他人留台阶，给自己留下回旋余地 _189
请保留人与人之间的心理距离 _191

第十一章　对症下药，不同的人需要不同的交谈技巧 _197

因人而异，采取不同的说话策略 _198
言语示弱，一举拿下对方 _200
采取激将法，轻松搞定对方 _205
选择恰当的方式平息对方的脾气 _208
透露点秘密，消除对方的防备之心 _212

参考文献 _216

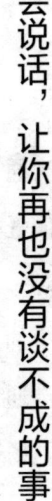

第一章
会说话,让你再也没有谈不成的事

英国诗人本·琼森曾说:"语言最能暴露一个人,只要你说话,我就能了解你。"一个会说话的人,总不会让人感到难堪,说话容易,会说却很难,只要你会说话,那就再也没有谈不成的事。

学会沟通，人生之路更顺畅

沟通，是连接人与人之间情感的一种交际方式，它关乎思想、信任、情绪，关乎各个方面，可以说，一个人沟通能力的强弱对一个人的一生影响很大。沟通无处不在，不仅仅局限于生活中的某一个角落，只要和外界社会接触，就不可避免地要进行沟通和交流。沟通与每个人都息息相关。学会沟通，人生之路更畅通。

陈晓敏毕业那年，应聘到一家外企的销售部门做销售员，这家企业的待遇非常优越，发展前景也是一片大好。刚去公司没多久，陈晓敏就暗下决心一定要对得起这份工作，处处要求自己拔尖。年终考核时，陈晓敏的业务量在同期入职的应届生中遥遥领先，受到了领导的一致好评。不久，陈晓敏就成了整个办公室的顶尖人物，她的表现非常突出，有时她为了显示自己的能力，不惜包下一个组的工作来"单挑"。

陈晓敏表现出众，这是大家有目共睹的，但是毕竟刚来没多久，陈晓敏也算是公司的新员工，经理多次对她说："陈晓敏呀，你真的很能干，成绩也很突出。但是你毕竟来公司不久，是否有什么不懂的地方需要我们帮助呢？"

第一章　会说话，让你再也没有谈不成的事

"谢谢经理，没关系，相信我一定能做好的，请您放心！"听到经理的称赞，陈晓敏干活儿的劲头更足了。可唯一让经理感到遗憾的是，陈晓敏工作能力虽然很强，但是有一次，她不但没有按公司的要求如期完成任务，而且差点让公司失去一个大客户。而她失败的原因，就是不善沟通。

这个工作是经理特意让陈晓敏做的，那天，经理因为临时出差，就把一项重要的工作交给陈晓敏。因为这项工作确实重要，经理一再强调陈晓敏工作时，要先在其他同事那里了解一下客户的情况，再和客户沟通，这样更有利于工作。

过了些日子，经理出差回到公司，立刻被老板叫到办公室批评了一顿。原来，陈晓敏的工作出问题了，因为她与客户没有沟通好，导致这个大客户拒绝了与他们公司的长期合作。幸好老板亲自出面，才算勉强留住了客户。

经理很惊讶，因为在他眼里，以陈晓敏的工作能力，是完全可以胜任这项工作的啊。为了弄明白原因，经理找到陈晓敏问情况，而陈晓敏的一句话，让经理大失所望。

陈晓敏说："经理，这个客户真的太多毛病了，简直不可理喻，我从来没见过这样的人，我实在没有精力和他周旋下去了。"

经理说："你不要把责任推到客户的身上，你为何不审视一下自己哪里做得不好呢？临走之前我就告诉过你让你事先了解一下客户的具体情况，在沟通之前先到其他几位同事那里多

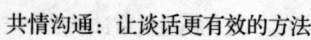

了解一下客户的情况嘛！"

陈晓敏不屑地说："不是这样的，你说的那些同事，和我一样是刚进公司的，他们的能力连我的一半都不如，我和他们说不上几句话就会吵起来的。"

听了陈晓敏的话，经理感到非常的失望，他说："对于销售而言，你光有能力是远远不够的，想要成为一个成功的销售者，你必须首先让自己成为一个沟通高手。"

半年以后，经理调离到其他岗位，陈晓敏心想："这下付出该有回报了，我肯定是升职的不二人选。"

然而，陈晓敏并没有得到公司的提拔，公司选了一位能力明显低于她的同事做经理。陈晓敏气不过，跑去向老板问个究竟，老板说："这个职位需要有团队合作精神的人，并且善于向他人学习、整合各种可以利用的资源，而不是单打独斗，所以你并不适合这个职位。"

不会沟通，你就不会交际，那你做起事来就会事倍功半，麻烦许多。朋友们，沟通无处不在，沟通力就是你立足社会必备的一项技能。强大的沟通力不是与生俱来的，但是只要你掌握一定的技巧和方法并加以锻炼，相信一定能成为一位不折不扣的沟通高手。

1. 提升自己的受欢迎度

怎样才算是一个会沟通的人呢？当然是一个受大家欢迎的

人。当一个人在沟通中总是出现这样或那样的问题，又怎么可能受欢迎呢？在沟通过程中，我们需要做到尊重对方、懂得忍让、彬彬有礼。慢慢地，我们就会变成一个受欢迎的人了。

2. 沟通要避免攻击性

有一些人，在和他人交谈时，常常尖酸刻薄、咄咄逼人，带有挑衅意味。这些人争强好胜，不懂人际关系的维护。卡耐基说：你可能赢了辩论，可是却输了人缘。任何咄咄逼人的话都是带有攻击性的，会让对方感觉不舒服，阻挡了愉快的、开放式的交流。

3. 沟通要懂倾听

举例来说，在夫妻关系中，妻子往往更偏重于表达，殊不知，学会倾听是沟通畅通的第一步。当与丈夫产生矛盾之后，积极地倾听他的想法会有助于缓和矛盾，解决问题。同时，还要学会多鼓励和表扬，少训斥和责备，这样会促使对方做得更好。

当别人在说话时，你要直视他的眼睛，但是请别忘了给对方一个微笑。微笑表示的意思就是：喜欢你，很高兴见到你。当你与人接触的时候，尽量地微笑，那会让你大受欢迎。中国有句俗话"伸手不打笑脸人"，在找人办事的时候，你的微笑能带给你意想不到的效果。

 共情沟通：让谈话更有效的方法

勇敢无畏，敢于开口交流

现实生活中，常常听到有人感叹"处世难"，其实原因无他，不过在于他们不知如何巧妙地将口才智慧、社交技巧与处世谋略结合起来。害怕说错话，害怕被误解，害怕被拒绝，因此便三缄其口、沉默不语。殊不知，口才不仅是一种智慧、一种能力，更是一种生活的态度。当今社会，一个人若想获得成功，不可避免要与人打交道，要融入社会，要学会竞争与合作，而好的口才则是为你的成功保驾护航的重要法宝之一。可以毫不夸张地说，语言交流贯穿我们的生活与工作过程，一个不善于沟通、不愿意和他人交流的人是很难成就自己的人生的；相反，一个勇敢无畏、敢于开口、敢于与人沟通的人则往往能获得人们的认同，因此也更容易获得成功。

台湾地区保险业的"大姐大"、国泰人寿保险公司的高级顾问与精神标杆庄秀凤女士就是这样一个敢说敢做、该开口时就开口的自信女人，正是因为她的主动与自信，她的事业才有了今天的辉煌。

庄秀凤原本只是一个内勤会计，因为要替父还债，所以才投身保险行业。她有一句名言："只要是人不是鬼，都可以成为增员对象。"她利用一切机会为公司增员，真正实现了"人生何处不增员"的目标。

第一章 会说话，让你再也没有谈不成的事

有一次，庄秀凤得知老人慈善基金会需要义工，就赶紧主动报了名。有人笑她，基金会的老人大多都七八十岁，最小的也五六十岁了，怎么可能成为增员的对象。但是庄秀凤却毫不在意地说："有人的地方就有机会。"

果然，当得知基金会的理事长杨妈妈有一个女儿没有工作时，庄秀凤感觉机会来了，于是她马上追问："那她现在做什么呢？"

杨妈妈回答："她硕士毕业后，就嫁给了医院的院长，现在做少奶奶。"

或许有人一听这话，便立刻打了退堂鼓："请院长夫人做保险，这不是异想天开吗？"然而庄秀凤却并不这么想。她转而做起了杨妈妈的工作："您想让您的女儿出来工作吗？"

杨妈妈有些为难地说："我一直觉得她大学毕业却没有发挥所长，很可惜。只是……她很难被说服哦。"

"没关系，只要您能介绍我和她认识就可以了。"庄秀凤自信地说。

且不论庄秀凤是如何凭借高超的技巧说服了院长夫人，使她成为保险业的一员，单就庄秀凤这份敢于开口的自信与勇敢，便值得众人敬佩与学习。开口或许会遭到拒绝，但最多只是遭遇一时的尴尬而已，但不开口则永远不可能获得成功的机会。

现实生活中,胆小怯懦、不敢与人沟通交流的人比比皆是。谨言慎行固然可以明哲保身,但孤僻、胆怯、很少与人沟通的做法则更是不可取的。机会常常在你的缄默中悄悄溜走,与其羡慕他人的成功,不如勇敢地开口、主动去争取机会。一个好的工作岗位,一个钦慕已久的好姑娘、好小伙,都需要勇气主动地去追求、去索取。不要害怕失败,没有尝试过,你怎么能知道等待你的是什么样的命运呢?

究其深层次的原因,不敢开口、害怕与人交流的人往往是缺乏自信。有的人或许表面上看起来清高,但实际上却有着深深的消极的自我概念——他们认为在别人的眼里,自己是不可爱的、不受欢迎的——因此他们就会否定自己,进而在行为上表现得让人难以接近。假如你是这类人,就一定要鼓足勇气,鼓励自己,利用一切机会去与别人沟通、交流。渐渐地,你会发现,其实自己并不像你所想象的那么糟糕。随着越来越多的人喜欢你,你也会越来越自信。而这份自信,就是你战胜自我、创建良好人际关系的法宝。

长得漂亮,不如说得漂亮

出色的容貌是一个人先天性具有的竞争力,漂亮的面孔比一封介绍信还要具有推荐力。能够拥有一张精致的面孔无疑是

第一章　会说话，让你再也没有谈不成的事

幸运的，但万万不能把这上天的恩赐当成有恃无恐的资本，毕竟，随着岁月的推移，漂亮的外壳最终会被上帝收回，洗尽铅华之后，依靠脸蛋吃饭的人将会一无所有。

长得漂亮的人可能会在最初的竞争和交际场合中脱颖而出，但是如果不重视后天的学习，素养较差，语言粗俗，胸无点墨，那么在他成为短暂的交际中心之后，就会因为语言缺乏魅力而遭到众人的抛弃。在交际场合，我们经常可以看到，一些相貌平平的人，却依靠着妙语连珠的口才、高贵典雅的气质博得众人的喝彩，从而增添了人格魅力。

有一位年过花甲的老太太去参加一个聚会。她精心地对自己进行了一番打扮，头发纹丝不乱，项链耳环都是经过仔细的挑选之后才戴上的，就连指甲上也仔细地涂上淡淡的色彩。但是可能因为年纪太大的原因吧，满脸的皱纹和打颤的左手却无法掩饰。

有一位年轻漂亮的女士对这位老太太有些轻视，向同伴们低声笑道："看这位老太太的脸像核桃皮似的，还打扮成这样，岂不成了老妖精吗？"她的伙伴们听到之后，肆无忌惮地在客厅之中大声地笑了起来。这位漂亮女士的评价固然是没有错的，却让当事人听了感到不舒服。

老太太微笑着走了过来，尽管她的表情比较慈祥和善，但是张开涂着口红的嘴巴的样子实在是有点丑陋。她对这位年轻

共情沟通：让谈话更有效的方法

的女士说："漂亮的女士，实在是没办法，我已经患帕金森综合征两年了，无论怎么打扮都不能掩饰现在的苍老和丑陋。"

漂亮的女士一时间愣住了，不知道说什么好。她的心里在为刚才的失言而懊悔。老太太又说道："其实我知道我的装扮显得很扎眼，但是我又不想慢待和我见面的人。在我很小的时候我的母亲就教育我要用合适的装扮表示对别人的尊重，这些年来我一直不敢忘记这条原则，因此也得到了朋友们的认可。"

漂亮女士愕然了，脸上有些发烧，对这位老太太也肃然起敬，并且向她诚恳地道歉。两个人开始了友好的交谈，在聚会结束的时候，两个人好像相识多年的老朋友一样握手告别，依依不舍。

每个人都希望得到谈吐优雅的评价，而不愿意让人嘲笑为花瓶，我们从中应该能看出口才和外貌的轻重关系。有着好口才的人，就会产生吸引人心、使人无法抗拒的力量，这种力量却并不是漂亮的外表所能具有的。在生活中，我们对于漂亮的女人只是短暂的赏心悦目，而对于善于言谈的人却能深深地铭记于心。漂亮的容貌只是外表，引起的不过是感性兴奋，而口才则是来源于内心，内在的东西才更能打动我们的灵魂。

章启月是中国外交部的第三位女发言人，曾是中国驻比利时大使馆的大使。在她担任外交部新闻发言人期间，成为各国媒体关注的焦点,其中原因并不是她那出色的外表,而是其出类拔萃的语言表达能力。无论面对任何棘手的问题,她都处之泰然、反应敏捷、沉着应答,回答记者提问做到滴水不露,从不拖泥带水,她的表现代表了一个国家自信、稳健的形象,获得不少人的好评,被外国媒体称呼为"北京美人"。

法国著名的女作家莫洛亚曾经说过:"漂亮的人怀疑自己的智慧,聪明的人又怀疑自己的魅力。"我们可以这样理解:"漂亮的人重视美丽的外表,聪明的人重视内在的魅力。"漂亮的外表最终会随着时间的流逝而消失,而通过精妙的语言所体现的内在魅力却犹如陈年老酒,散发出浓郁的香味。

口才,是一个人的修养、性格、气质的综合体现,它的来源不是上帝的垂青,而是个人的努力,通过个人的努力所追求到的东西就会融入血液中,伴随自己一生,是不会轻易失去的。一个人没有漂亮的外表并不可怕,可怕的是没有说话的技巧。如果你能适当地使用优雅的语言表达思想,展现出自己独特的个性,哪怕是貌不惊人,也能为自己增添光彩,吸引他人的目光,成为交际场合的中心点。

察言观色,把话说到对方的心坎儿上

我国著名的相声大师马三立曾经说过一段相声,名字就叫

共情沟通：让谈话更有效的方法

《人情话》。他在相声中说，日常生活中说话，要讲究分寸，也要讲究艺术，说出来的话要让人爱听。"未语先观来意，开言要顺人心"，即说话要懂得察言观色，将话说到对方的心坎上，才能受人欢迎，否则就会遭人厌恶。

他在相声中讲了这么一件事：

一个年轻人遇见一位老大爷，于是便开口寒暄："大爷，您今年高寿？"

"小着哪，76。"老大爷回答。

"哎哟，您不说我还以为您才60出头呢！看您这精神，多好啊！人间五福寿为先，老爷子，您活到99没问题。"

老大爷一听乐坏了，立刻就拉着小伙子的手邀他到家做客去。

还有一位年轻人也遇到了这位老大爷。他是这么说的："大爷，您今年多大岁数啦？"

"小着哪，76。"老大爷回答。

"76还小？好家伙，不小了。好家伙，你都完了你。76了，我看你这模样，像90多岁的。怎么样？还能吃东西吗？够呛够呛，你呀，有造化，赶上这时候了。要是秦始皇那年头，60不死活埋，你都埋十好几年了。"

可想而知，老大爷气得胡子直翘。

第一章 会说话,让你再也没有谈不成的事

这虽是一个笑话,但却说明了一个道理:人人都爱听好听的话。俗话说:良言一句三冬暖,恶语伤人六月寒。常说人情话、善于说人情话的人必定是心怀善意的人,也一定是善解人意的人。

人情话好听,人人都想说好人情话,那么怎样才能将话说到对方的心坎儿里呢?最简单的方法便是察言观色。察言观色是直击人心的关键,一个人的衣着、行为、姿势都会在毫无知觉间出卖他的主人,仔细观察、用心揣摩,才能了解人心、懂得人性,说出的话才能让对方听了如沐春风。

高中同学聚会,朱大山因为最近生意做得风生水起,赚了一大笔钱,还包养了一个漂亮的小情人,所以得意扬扬、沾沾自喜,在酒席上大肆吹嘘起来。然而,他却没有注意到同桌的老同学李小华脸色却越来越阴沉,闷着头一根接一根地抽烟。

原来,和朱大山相反的是,李小华最近做生意亏了本,老婆也和他离婚,跟一个"大款"跑了。李小华正处于人生的低谷期,听到朱大山的话,无异于在他心口上撒盐。周围有了解内情的同学,察觉到他脸色不对,便连连朝朱大山使眼色,但朱大山却沉浸在自己的"辉煌战绩"中,浑然不觉。

终于,当朱大山说到"女人就是贱,谁有钱就跟谁;但男人没本事,也难怪留不住女人"时,李小华终于忍不住了,他大声说了句:"屁话!"朱大山一听,立刻跳了起来:"你说

 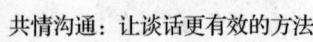

谁'屁话'?"

"就说你了,怎么的?"李小华憋了一肚子气,没好气地大声回答。

朱大山自然火冒三丈,一场恶战不可避免地开始了。最后,同学会不欢而散,朱大山与李小华这一对昔日好友也成了老死不相往来的陌路人。

一对老朋友反目成仇,令人唏嘘。然而这一切都是因为朱大山在说话时未能察言观色、体谅他人所造成的恶果。俗话说:"矮子面前不说短话。"李小华的不快已经摆在脸上,但是朱大山却依然口不择言,碰触他人的痛处,难怪李小华会勃然大怒,结果两人交恶。

可见,察言观色在人际交往中是何等重要。不会察言观色,就相当于不知风向便去转动舵柄,最后处处碰壁,甚至伤人伤己;学会察言观色,就可以进行正确的推理和判断,观人于咫尺之内,在人生的竞技场上挥洒自如。

说话水平的高低直接影响着人生的成败与得失,这一点是人人都明白的道理。若想做一个说话的高手,说好人情话、将人情话说到对方的心里,就一定要学会察言观色。了解对方的内心世界,才能对症下药、顺应人心。

第一章　会说话，让你再也没有谈不成的事

有能力，大胆"说"出来

虽然，我们经常听到这样一句话，"能力并不是靠嘴巴说出来的"，但是，不可否认的是，在很多时候，即便你具备优秀的能力，如果不"说"出来，别人又怎么会知道呢？所谓的有能力，有时也是靠"说话"说出来的。

俗话说："酒香还怕巷子深"，更何况对于一个人所具备的能力呢？一个有远大志向且具备卓越能力的人，假如连话都不会说，他又怎么能向众人证明自己的能力呢？或许你会反驳，能力大多是"做"出来的，不过，对于那些埋头默默做事的人来说，若不具备一定水平的口才，那他所发挥出来的能力将会暗淡不少，甚至可以说，发挥出来的效果将减少一半。因此，如果你有能力，那么就更应该学会"说话"，如此，才会让你的能力得到最大限度的发挥。

小王是中学政治老师，在学校里，他可谓是最优秀的讲师了，不仅十分有能力，而且讲课的工夫特别棒。许多同事询问其秘诀，小王总是呵呵一笑："秘诀就是要会说话，对于我们老师来说，既要肚子里有货，也要能倒得出来。一个老师即使很有学识，但若是不会说话，那他的能力是无法发挥出来的。"

对于说话，小王老师可以说是相当精通，就连说话里的

共情沟通：让谈话更有效的方法

"提问"环节，说起来也是学问颇深。他常常这样说："我们在提问时，要分层提问，化难为易，化大为小，把课堂提问当作一门艺术，这样，我们才能够运筹帷幄地统领全局。另外，这样的提问方式也能够很好地结合学生的实际，做出有计划、有步骤的系统化的提问，以层层深入地引导学生向思维的纵深发展。"

举一个简单的例子：

在一次政治课上，小王在讲到"商品"这个概念的时候，他设计了一连串由浅入深的问题来启发学生层层深入地了解。课堂一开始，小王就提问："同学们，我们吃、穿、用的物品是哪来的？"学生异口同声地回答："市场上买的。"小王老师接着问："那市场上出售的商品又是从何而来？"有学生回答："劳动而来的。"小王老师继续问："所有的物品都是劳动产品吗？所有的劳动产品都是商品吗？"学生们摇摇头，却又说不上来，小王老师问："原因是什么呢？"这样几个问题一一回答下来，使得"商品"的外延范围越来越小，逐渐显示出内涵。最后，小王老师轻松揭示了答案："商品就是用来交换的劳动产品。"课程结束后，小王老师总结说："这样的提问方式，循序渐进，能够带领学生轻松地跨越思维的台阶，学生比较容易接受。"

老师作为一种职业，更需要说话的技巧。其实，在生活中，还有许多职业都需要说话，如导游、主持人等。对这一类职业的人来说，除了本身所具备的专业知识，还需要具备一项特殊的技能，那就是说话。因为只有通过说话，才能证明你自己的能力。就老师来说，即便是读了万卷书，但不懂得如何表达出来，学生还是会认为这不算多优秀的老师。因此，对于此类的职业来说，尤其需要多做说话的练习，以此来证明自己的能力。

或许，有的人认为自己并不是老师，也不是导游，更不是主持人，只是一个做技术活的员工，那自己肯定是不需要具备什么说话能力的。这样的想法是有偏差的，当然，如果你仅仅想成为一个默默无闻的员工，从来没有想过晋升职位或者是进一步增强自己的能力，那不具备说话能力也还是可以的。但是，多少人愿意平庸地在一个岗位上待一辈子呢？

1. 有的能力需要通过"说话"才能展露出来

我们已经说过，有的能力是需要通过"说话"才能展露出来，除了我们所说过的老师、导游、主持人，还有领导者也是。对于一个领导来说，他的能力、威信以及对下属的管理都是通过说话表现出来的。因此，说话就成为其不得不具备的一种技能。

2. 有能力也需要大胆"说"出来

在生活中，有的人明明具备优秀的能力，但是，他总是表现得异常低调，似乎在等着伯乐来发掘自己。然而，现代社

会，千里马向伯乐自荐的例子已经是不胜枚举，如果你总是不敢"说"出自己的能力，不愿意推荐自己，那么，你的一身本领将会被埋没。

因此，即使你的能力只是需要"做"出来，但是，假如你不擅长说话，或许你的功绩将会被别人抢走，又或者你始终在原地踏步。为了能够让自己的能力充分地发挥出来，你应该学会说话，或是向领导推荐自己，或是向众人展露自己的能力。

第二章 善用幽默，一开口便赢得他人好感

> 幽默是一种从容不迫、达观的心态，是一种看世界的眼光、看人生的角度。在日常交际中，幽默言语恰似黏合剂，可以化烦恼为欢乐，变痛苦为舒心，还可以化干戈为玉帛。一句幽默的话语可以让人解除尴尬，让人与人的相处更加融洽、和谐。

幽默可以获得交际对象的好感

幽默感是一个人最宝贵的品质之一,也是一个人精神的最高境界。不管是在家里还是在工作、生活中,如果你具有幽默感,那么你将拥有更多的朋友,拥有乐观处世的心态,拥有一份轻松的心情;生活也会充满七彩阳光和欢声笑语。

刘海璐人长得很漂亮,在一家公司担任公关部经理的职务。

这一天,刘海璐穿了一条白色的连衣裙陪同经理一起参加宴会,宴会上的刘海璐,在人群中显得十分的美丽出挑。宴席之上大家有说有笑,举杯庆祝,席间有一个八九岁的小男孩,看见众人举杯敬酒,慌忙站了起来,一不小心把杯中果汁洒在了刘海璐洁白的套裙上……小男孩愣愣地呆站着不知所措,好像很害怕这位漂亮的阿姨会责怪自己,男孩的父母忙向刘海璐道歉。刘海璐笑着对小男孩的妈妈说:"没关系的。"刘海璐摸着小男孩的头幽默地说:"你瞧阿姨衣服上的这朵花漂不漂亮啊?"男孩笑了,可爱地回答道:"漂亮。"

男孩的父母随之松了一口气,经理也在一旁对刘海璐投来嘉许的目光。

第二章 善用幽默，一开口便赢得他人好感

一个幽默的回答，刘海璐获得了男孩及其爸妈的感激；一个幽默的回答，刘海璐获得了经理的嘉许；一个幽默的回答，刘海璐获得了他人的敬重。这就是幽默的力量，幽默可以化解尴尬，幽默可以提升人气，幽默可以帮你塑造好的形象。

我们继续看下面这个案例：

传说李鸿章有一个远房亲戚，胸无点墨却热衷科举，一心想借李鸿章的关系捞个一官半职。他在考场上打开试卷，竟无法下笔，眼看要交卷了，便灵机一动，在试卷上写下"我乃李鸿章中堂大人的亲妻（戚）"，指望能获主考官录取。主考官批阅这份考卷时，发现他竟将"戚"错写成"妻"，便提笔在卷上批道："所以我不敢娶你。"

"娶"与"取"同音，主考官针对他的错字，来了个双关的"错批"，既有很强的讽刺意味，又极富情趣。这就是巧用幽默的好处。如果你想幽默地反击对方，不妨学习一下上面这种"一语双关"的幽默技巧。

幽默是一种无形的力量，它是人的内在气质在语言上的外化；幽默是一种简洁而深邃的表达艺术，它直达人的内心深处；幽默也是一种能力，幽默的人必定具有过人的聪明和智慧。幽默能够帮助我们在社会交往中与人建立一种和谐关系。

做一个幽默的人,你的生活将会更加欢乐。

如果你想培养自身的幽默感,你知道该怎么做吗?

1. 做一个达观的人

有人说:"幽默属于乐观者和生活中的强者。"这话很有道理。幽默的谈吐是建立在思想健康、情趣高尚的基础之上的。一个心胸狭窄、思想颓废的人不会是幽默的人,也不会有幽默感。大家只有拥有高尚的情操和乐观的信念,才能对一些不尽如人意的事泰然处之。

2. 要把握好说话的尺度

在幽默沟通的过程中切忌不明确目的、不掌握尺度的行为。幽默的尺度,也是幽默的支点,通常人们所运用的都是嘲讽假的丑的、颂扬真善美的道德尺度。即对幽默题材对象运用正确的道德评价,不用愚昧去嘲笑科学,不用错误的标准去攻击正确的事物。

3. 多学习他人的说话方式

俗话说:"近朱者赤,近墨者黑。"多与有幽默感的人接触,可以让你在对方的潜移默化下增加幽默感。而社交活动则是你运用幽默、锻炼幽默能力的最佳场所。什么事情都需要在实践中加以增强,要不只能是空谈。

幽默可以获得交际对象的好感,是否获得对方的好感是交际活动成功与否的关键之一。通常来说,大家都很喜欢幽默感比较足的人,因为整天严肃着脸对他人来说真的很累。人人都喜欢那些给人带来欢喜的人,一个人开怀大笑,让人舒畅,而一张死板的脸会让人压抑,自身也会越发孤独。

幽默,让你成为朋友中的开心果

幽默是日常生活中不可缺少的调味品。例如当朋友们一块结伴去旅行,或者相邀聚会,在旅途中感觉疲惫和长时间静坐相对无语时,便会觉得沉闷难受,如果这时有人讲了一个笑话,一定能改变当时的气氛,增加很多乐趣。一个人如果具备幽默的品质,那他就会成为朋友中的开心果,朋友也会因为他的存在而更为快乐。

天宇在生活中是个现实版的幽默大师,无论什么时候都能带给身边的人欢乐。同样,在工作上,这样开朗的性格和幽默的作风,让他在公司里很吃得开。就算遇到不如意的事情,天宇也能凭借着自己的幽默机智化险为夷。

天宇在当地一家模具厂工作,这一天要对车间进行盘点。作为车间主要负责人的天宇对盘点事项做了详细的安排,可是因为经验不足,天宇的方法有点浪费时间,并不是一个快捷有效的方式。就在大家忙得团团转的时候,领导不知道什么时候过来了,他转了一圈之后,立刻就喊道:"快停下来,停

共情沟通:让谈话更有效的方法

下来。"

大家都停下来,只见领导把天宇叫过来,大声责骂:"天宇,你这是怎么搞的,这点事情都做不好,你还能做什么事啊?"受了领导的训斥,大伙儿都替天宇担心,领导这样在众人面前批评天宇,肯定让天宇难堪,当时气氛非常严肃。

可是天宇听了领导的话,却是嘿嘿一笑,一本正经地对领导作了一个揖,说:"小的知道错了,请老爷明示!"

看到天宇这样搞笑的动作,听见天宇这样幽默风趣的话,领导的脾气一点没有了,笑着说:"你这小子,就是不长记性。"于是领导开始对天宇谆谆教导,告诉他这样的盘点方式是不对的,并告诉他应该怎样做。

听了领导的教导,天宇不住点头,说:"学生受教了,谢谢老师指点迷津。"

领导也受了天宇的感染,说了一句"孺子可教也",便背着手微笑着回办公室了。

幽默风趣的人往往能在别人心中留下一个好印象。生活中,学会幽默,不仅能消除人与人之间的陌生感,还能打破人与人之间尴尬的境地。诙谐、幽默,不仅会给别人带来快乐,同时这种特质还会成为你与他人沟通的助推器,打造你的魅力气场。

如果你感到场面有点尴尬,或者说气氛没有达到你的期

第二章 善用幽默，一开口便赢得他人好感

望，那么你就要开动脑筋，用幽默风趣的话语带动现场的气氛，这样你才能与他人进行良好的沟通。在沟通的过程中，气氛是非常重要的一部分，如果现场气氛非常压抑，你就很难达到很好的沟通效果。

在一些人员比较多的地方，如果你想借助幽默来活跃气氛，那你就需要把握一些技巧，以免说话不当闹成乌龙。那么，如何展现自己的幽默是最合适的呢？

1. 避免恶作剧式的幽默

幽默的目的本是愉悦，而不是惩罚。弗洛伊德说过，恶作剧就是平时压抑的情感与欲望得到的一种发泄。发泄情绪没有错，可前提是千万别伤害他人，特别是与自己关系亲密的家人和朋友。很多时候，就是那些不怀好意的恶作剧，令你丢了所有来自他人的信任与好感。

2. 时机一定要把握好

在社交场合，谈笑也要特别注意，应恰如其分，地、时均应适宜。如果大家正聚精会神地研究讨论一个具体问题，你突然在这时插进了一句全无关系的笑话，不但不会令人发笑，反而让人觉得无趣。这样的行为又怎能调动起活跃的气氛呢？

3. 内容不要低俗

如果你用低俗的幽默话语跟人打交道，那你不仅不会得到他人的赞许，还会让人感到反感、厌恶，因为你连文明用语都做不到，这是一种不太礼貌的行为，也不适合人较多的场合。

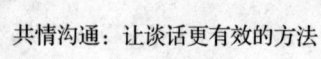

而且，低俗的幽默还会让大家感到尴尬，不仅活跃不了气氛，还会制造新的难堪。

幽默的言谈方式在人际交往中非常受欢迎，往往能够起到事半功倍的效果。在如今这个时代，生活节奏越来越快，每个人都紧绷着神经，你在不经意间的一个小幽默，就可以在最短的时间内给人留下最深的印象。

巧妙运用歇后语和俗语

唐朝早中期的时候，国家康盛、人丁兴旺。到了唐朝后期，官场上逐渐出现买官卖官的现象，导致那时的官场乌烟瘴气。

在一个偏远的小县城，县太爷为了给自己赚点外快，便开始对下面的人卖官。好多有钱人都给县太爷送了银子，很快地就被安排到各个岗位上岗去了。有一个书生也想当个小官儿，尝尝官味儿。他一直和这位县太爷关系很好，也被列入了候选人名单。可是他就是没有钱可送，所以一直待在家里迟迟等不到分配的消息。这个书生心里又急又生气，于是在鞋上系上一百多个铜钱，哐啷哐啷地去见他的老朋友县太爷。

县太爷见了很奇怪，指着钱就问："你为什么把它系在鞋上呢?"

这个书生回答:"俗话说'有钱走遍天下,没钱寸步难行',我因为寸步难行才把钱系在鞋上的啊!"

县太爷听了这话知道是在讽刺他,面红耳赤,心中非常生气,便随便应酬了几下。事后,干脆把那个书生的候选资格也取消了。

上面的故事当中,书生就是运用了"有钱走遍天下,没钱寸步难行"这样的俗语讽刺了县官只认钱不认人的丑行。这也和我们现在社会所说的"有钱能使鬼推磨""钱不是万能的,但是没有钱是万万不能的"这样一些俗语基本相像。要看一个人掌握的词汇量的多少,我们可以从与这个人的谈话交流当中得知。而一个掌握了大量的俗语和歇后语的人,在谈话交流的过程中可以把这些词汇运用自如吗?非也。那么,在人与人的交流当中我们如何掌握并运用好歇后语和俗语呢?

1. 在谈话中学习更多歇后语和俗语

一个富有谈话经验的人会告诉你,在谈话交流中适当运用歇后语和俗语会增加谈话的成功率。与别人谈话交流,本身就是一种学习方法,学习别人好的谈话技巧,学习和不同的人沟通的方式,甚至是要学习别人说过的语言词汇。同一句话在不同的人口中出现,听起来却有不同的味道,这就是需要我们学习的技巧与方法。要想把话说好,就需要大量的词汇来丰富我

共情沟通：让谈话更有效的方法

们的语言，就需要我们不断地学习各种语言和词汇。尤其是掌握了大量的歇后语和俗语，并将它们付诸谈话交流之中，方能真正显示我们谈话时表现出来的魅力风格。

2.掌握歇后语和俗语背后的故事

有些歇后语和俗语往往含有深刻的含义，在它们逐渐发展演变的过程中所表达的意义也发生了相应的变化。有时候还需要我们挖掘出这些歇后语和俗语背后的故事，了解它所表达的不同含义，才能真正做到心中有数、胸有成竹。

3.用好歇后语和俗语将会事半功倍

在谈话交流的过程中，运用歇后语和俗语的目的就是让双方的谈话更加融洽、和谐，达到说话者交流的目的即可。

在交流中，如果用平白直快的话语与对方谈话，一场谈话结束后，对方对你的谈话很可能是像喝了一口白开水一样，索然无味，谈话虽然结束了，却没有给对方留下什么印象，那不是白费口舌吗？所以在交流时也要注意语言的润色，这里的润色便是需要我们的歇后语或者俗语来丰富我们的语言词汇了。

和别人谈话时要注意自己的形象，这种形象不仅包括肢体形象，还包括语言形象。好的肢体形象会给对方留下好的第一印象，好的语言形象则会给对方留下永远的心理印象，他甚至在以后谈话时会提到你的名字，这便是你谈话技巧高超的最好证明了。

即兴调侃，当众释放魅力

马戏表演团里面，表演马术的罗伯特经常喜欢在台上给观众来个即兴表演。一次大型的表演即将开始，这次表演对马戏团来说是非常重要的宣传。马戏团的导演在罗伯特表演之前郑重地告诉他："罗伯特，你知道这次演出对我们戏团有多么重要吗？所以我要求你今天不许在台上即兴表演。"

罗伯特心中也知道这次表演对他们整个戏团的重要性，就带着保证的口气答应了导演。

可谁知，难以预料的事情发生了。

罗伯特刚牵着马到舞台的中央，马突然在舞台上当着观众的面撒了泡尿。坐在台下的导演远远地把这一切看在眼里，心中很不是滋味儿。

罗伯特不愧为调侃专家，情急之下，罗伯特对着马大声说道："上台前你难道没有听到导演说不能在台上撒尿吗？"随即，台下传来一片欢笑声和鼓掌声。

最后，整个表演在观众的一片掌声中结束了。

即兴表演就是一种临场发挥，在当事者不知道的前提下，面对一个突如其来的问题进行"救急"的发挥。即兴表演，有时候会给定你表演的节目，而有时候则需要你临场想象了。就像案例当中的罗伯特，面对突如其来的马撒尿事件，镇定自若发起即兴调侃以解困。这次调侃并没有给导演带来什么坏处；相反，它却给整个表演带来了高潮，让人们在欢快的气氛中记住了罗伯特，也记住了整个马戏团。

在与人交往时，难免会出现尴尬的局面，面对这样的局面有的人往往是难以应付，而有的人却能应对得潇洒自如。这里面就包含了另一种说话技巧——即兴调侃。在正常的谈话当中，我们怎样调侃才能显示自己说话的风趣呢？

1. 即兴调侃以乐为主

人在长时间谈话时会出现脑部疲劳，更加明显的表现就是精神不集中，甚至语言出现暂时性紊乱。面对这样的情况，谈话者应稍作休息，但是有时候不能就此中断谈话，所以就要借助一定的语言来放松我们的大脑。这种放松，简单地说就是即兴调侃，找个乐子放松一下高度紧张的大脑。例如，现在的大学生都喜欢在课堂上睡觉，而一个负责任的教授在上课时往往就会即兴调侃一下，来活跃死气沉沉的课堂气氛，让那些昏昏欲睡者打起精神来好好听讲。

但是，有时候我们遇到的调侃却是被人挖苦，甚至是陷害。这样的调侃我们在这里不提倡。在人与人之间的交往当中，免不了会出现一些令双方都不愉快的事情，这种情况下的调侃要尽可能地以乐为主，才能做到两全其美。

2. 顾全大局是关键

调侃对于大家来说，都会不经意地发生于正常的交往中，只是自己没有注意罢了。一次谈话可能是两个人的谈话，也可能是多人的谈话。在不同的场合下谈话，要讲求不同的谈话原则，同样调侃也不能盲目地进行，更不能无止境地进行。即兴调侃的目的是活跃谈话气氛，或是照顾陷入尴尬的受困者，更重要的还是顾全大局，照顾在座的所有谈话者。所以，不管在任何时候即兴调侃，都要牢记顾全大局是关键。

3. 即兴调侃是一门艺术

表演本身就是一门艺术，而即兴调侃更是一门上乘的表演艺术。谈话中，一句恰当的调侃既能显示你超一流的交往能力，又能释放出你与众不同的表演魅力。掌握一门艺术很难，而掌握一门谈话的艺术更难。

即兴调侃，首先，要把握调侃的时机。好朋友、关系很亲密的同事之间随时都可以调侃一下，但是与较陌生的人谈话，就要特别注意调侃的时机了。

其次，要充分了解调侃的对象。有些人喜欢开玩笑，而有些人比较直爽不喜欢开玩笑，往往把别人的调侃当作实话去对待，这样就会造成不必要的心理冲突。

最后，即兴调侃要分清调侃的场合。一般的谈话场合只要掌握基本的谈话技巧即可，而对于那些较为正式的谈话场合，有时候不妨也大胆调侃一下，这样会给大家抖掉一些思想包袱，让谈话者轻松上阵。

共情沟通：让谈话更有效的方法

关键时刻，一句话给别人解围

一次，我们几个同学聚会，大家坐在一起闲聊。聊到中途，小宋突然说要我们几个人的电话号码。大家都感到莫名其妙，睁大眼睛看着小宋，问："你不是都有大家的手机号码，干吗又要我们的号码啊？"

这时的小宋一脸苦恼，说："刚买了个新手机，就被小偷偷走了，上面的电话号码一个都没有留下来。"

当时的气氛大家都有点儿尴尬。

唏嘘一阵后，大家都亲切地说："丢了个手机嘛，还以为你把什么给丢了呢！"于是，大家纷纷报出自己的手机号码。细心的小张看到气氛还是没有刚才那么好，眼睛一转，呵呵地笑道："丢了手机就丢了号码，那丢了号码不是把上面的所有人都给丢尽了吗？"

"把人丢了啊""丢人啊"……

大家边调侃小宋边哈哈大笑，小宋也随着大家一起调侃自己，脸上已经多云转晴了。

最后，大家在一阵欢乐的气氛中散去。

人与人的交往，常常需要一种特殊的语言来消除摩擦、拉近距离，就像是几个零件之间需要一点油来起润滑作用一样。上面的小故事当中，小张的一席话语就在整个事件中起到了润滑的作用。小张用一句调侃的话，给了一个可以让大家一起欢笑的理由，制造了一种欢乐氛围，融洽了大家的关系。试想一下，要是没有小张的一句调侃，不知道当时的气氛要尴尬到何时。在关键时刻，用一句话来给别人解围，给一个让受困者下来的台阶，又可以使大家理解，在理解中开怀大笑。这样的话语往往会起到让人意想不到的效果。那么，如何把握这种既让人容易理解，又能在理解中开怀大笑的"歪理"呢？

1. 充分容身于事件当中

对于一个当事人来说，要充分容身于事件当中，要了解事件的起因、过程和可能导致的结果。你不掌握整个事件的起因和过程，在整个事件中你就没有权利发言，更没有权利对这个事件进行评判。你在说话之前如果没考虑这句话出口之后的结果，最好要三思，这句话对你的说话对象有什么影响，对其他的人有什么坏处，对你自己是否有影响。

只有充分容身于整个事件当中，你才有站到你的说话者的位置来考虑整个事件的机会，才有站到观众的位置来考虑整个事件的发展的机会。所以，我们在任何时候说话都要有站在别人的位置上的想法。

2. 陌生人之间交流保持谨慎

一句调侃的话在朋友之间、在熟悉的人们之间可能会显示出你的幽默感来，但是如果面对几个陌生人，你的一句随意调侃则可能会降低你在他们心目当中的地位。面对陌生人，大家

一般的表现都是比较谨慎的。双方都不了解对方的情况,尤其是有些话涉及对方的隐私或是痛心之处,往往会使对方陷入尴尬的境地。

3. 把握说话的最佳时机

一个会说话、懂得幽默的人,在说话的时候往往把时机把握得比较准。在一场交流当中,如果不掌握谈话时机,趁人不注意时你突然冒出一句与谈话主题不相干的话,让别人都以为你傻呢。在充分了解谈话者的目的之后,经过三思凝练出一句令人深思又觉得比较幽默的话,这时你的一句话就起到润滑谈话过程的作用。恰如其分地把你要表达的话发挥在关键时刻,便也起到了事半功倍的效果,做这样的乐事何乐而不为呢?

恰当的颠倒逻辑,不妨风趣一番

有一个鲜为人知的小故事是这样讲的:

古时候有位老太太,有两个女儿,一个女儿开了家卖鞋店,另一个女儿开了家卖伞店。这个老太太为了两个女儿的商店整天哭哭啼啼的。每当天气晴朗时,她就想起了卖伞女儿的伞卖不出去,因此伤心地哭;每当天下雨的时候,她又想起了卖鞋女儿的鞋不好卖,又是伤心地哭泣。

一天，一位智者路过，看见老太太在门前哭泣，就问老太太为什么哭。老太太将事情一一给智者说明。

智者听了后，微微笑道，说："下雨的时候，你要想你的卖伞女儿的伞卖得好；天气晴朗的时候，你要想你的卖鞋女儿鞋卖得好，这样你不就不会伤心了吗？"

听了智者的一番话，老太太哈哈大笑起来。从此，下雨也好，天气晴朗也罢，老太太总是乐呵呵的，整天快乐地生活着。

一句话用不同的方法表达出来，就有不同的效果。故事当中的智者，在听了老太太的讲话后，认真分析了整个事件的前后逻辑关系。智者在讲话的时候又略施小计，将原来的逻辑关系语言重新排列，讲给了老太太听，最终使老太太转忧为喜。从这个小故事当中，我们可以看到，说话时语言的逻辑关系对整个事件的重要性。在成功的谈话交流当中，我们怎么样才能保证不让自己的思维逻辑发生混乱呢？

1. 发散思维使问题考虑得更加周全

在传统的直线思维面前，面对困难时，我们往往会束手无策。遇到这样的情况，我们最常用的一种解决问题的方法就是逆向思维。逆向思维与我们传统的思维方式不同的是，它是从问题的另一端开始思考或是从问题的另一个侧面思考。这样一来，那些比较难的问题在我们面前都显得不是问题了。而我们仅仅有这两种思维方式去解决问题还远远不够,需要我们还要用另外一种思维——发散思维去解决问题。

发散思维使人在解决问题时,能从问题的各个方面去看待问题,从而提出多种解决问题的方法,以达到更加完美的追求。在与人交往时,我们要特别重视用发散思维的方式去思考问题。例如,公司要与一个客户公司谈判,在谈判开始前双方都要制订自己的谈判方案,在制订谈判方案的时候就得用发散思维的方式去考虑问题。只有充分考虑了各个方面的问题后,在谈判过程中才能显得成竹在胸、胜券在握。

2. 理顺逻辑是关键

有什么样的思维,就有什么样的语言。人的思维不乱,语言也不会乱。例如,那些演讲家在一场精彩的演讲过程中,他们的思维是多么的活跃和镇定,一旦思维出现混乱,他们的演讲还有那么精彩吗?在我们的正常交往中,也会有这样的感觉,就是当你的思维比较清晰的时候,你所说出来的话都是有条理的、较为清晰的。一旦你紧张时,思维就会变成一团乱麻,理也理不清楚,说也说不清楚。

为了不使自己的思维混乱,自己先要镇定下来,这样才能做到心中有数、有条不紊。面对再困难的问题,我们只有静下心来好好理顺逻辑、分析问题,才能充分地解决问题。

3. 常想常用是方法

逻辑,说白了也就是问题的前后顺序。只是这种逻辑在一般人来讲，都不好掌握，只有经常从各个方面去思考问题，并用多种方法去解决问题，才能逐步地掌握逻辑。正常的交往当中，只要注意说话时的前言和后语就可以了。我们通常所说的"前言不搭后语"就是逻辑思维出现了混乱所导致的结果，出现这样的结果往往是让人闹了笑话。

在与别人的谈话中，不仅要理顺自己说话时的思维逻辑，还要掌握别人说话的逻辑关系，从对方的逻辑语言中提取有价值的信息，这样才能更加显示谈话者不会闹笑话的谈话技巧。有时候"前言不搭后语"会闹笑话，但是有时候我们就需要这种颠倒逻辑的方法去解决问题。一次恰当的颠倒逻辑，反而会给双方的谈话增添无穷的风趣。所以，不妨在适当的谈话中，也用颠倒逻辑的方法来风趣一番吧！

第三章 顺利表达，令人称赞的说话之道

蔡康永说："我不在乎说话之术，而在意说话之道。我的说话之道，就是把你放在心上。"语言表达，在于顺畅地把话说出去。平时说话要谨慎，否则既伤害自己又伤害别人。语言是人与人之间最直接的沟通桥梁，恰当的一句话会让人心情顺畅。

没有人不喜欢听故事

没有人不喜欢听故事，但你可曾想到，讲故事也是人与人之间交流与沟通的最有效的方式之一。

很多大人物都善于用讲故事的形式来委婉地表达自己的真实意图或者不便讲出口的顾虑。故事的内容一般与交谈的双方并无关系，并且大多诙谐有趣，有利于营造轻松和谐的交谈气氛。用这样的方式表达自己的意图或者说明道理，更加容易令对方接受。

讲故事其实就是绕弯子，或许有人会说何必那么麻烦，直截了当讲出自己的意图不是更痛快吗？但是交谈的最终目的是让对方认同你的观点、接纳你的意见，利用讲故事的形式深入浅出地讲明道理，更加容易使人接受。同时，运用这种暗示的方法可以使交谈更加含蓄、隐晦，还能避免给对方造成尴尬或伤害，令对方在愉快的氛围中领悟你的意图。

艾森豪威尔担任美国总统时，经常被记者包围。他们总是缠着他问各种各样的问题，希望能从他嘴里探听一些重要消息，令艾森豪威尔不胜其烦。

有一次，艾森豪威尔应邀出席新闻界的一个宴会，记者

第三章 顺利表达，令人称赞的说话之道

们一见到他便围了上来，一直追着他问最近是否有什么重要新闻。艾森豪威尔被问得实在有些厌烦了，但是他并没有发火，而是站起来对大家说："我先给大家讲一个故事好吗？"

大家不知道艾森豪威尔葫芦里卖的什么药，但有谁会拒绝听一个故事呢？于是艾森豪威尔开始讲述他的故事："小时候，我到一个农场去做客，看见一头奶牛，便问农夫这奶牛是否是纯种的，他说不知道。我又问：'它每周的产奶量是多少？'他还是说不知道。我接着又问了几个关于奶牛的问题，他都回答不上来。最后他很不耐烦地大声对我说：'我只知道这是头老实的奶牛，只要有奶，它就会给你！'"

大家哄堂大笑，艾森豪威尔话锋一转，紧接着说："大家都知道，我也像那头牛一样老实，不善言辞，这一点是众所周知的。但还有一点我要强调的是，只要有新闻，我就一定会毫无保留地告诉大家。"

众人笑得更厉害了，那些死缠烂打追着他讨要新闻的记者也不好意思地低下了头。从此以后，艾森豪威尔就很少再遇到记者追着他要新闻的麻烦了。

从孩提时起，大多数人就喜欢听故事，一直到长大了也依然如此。因为与空洞、刻板的说教相比，寓教于乐的故事更加形象生动，更能吸引人们的兴趣与注意。所以，大凡口才好的人都是讲故事的高手，他们知道怎样用故事牢牢抓住听众的心

灵与耳朵。正如上文中的艾森豪威尔，他借用一个生动有趣的故事，委婉地表达了自己的不满，但是却又顾及了记者的自尊和面子，既没有让他们下不了台，又让对方了解了自己的真实意图，真可谓是一举两得。

由故事引出谈话的内容，也是最能迅速激发听众兴趣的讲话方式之一。若你也想成为一个交流与沟通的高手，那么就先学会讲故事吧，正如美国著名作家亚历克斯·黑利所说的："最好的开端就是——'我来给你们讲个故事吧'。"当然，必须记住一点：你所做的一切都是为了你所要表达的真实意图而服务，所以讲述的故事也一定要紧扣谈话主题，否则离题太远，就会冲淡主题，从而失去讲故事的意义。

假借别人的口，表达自己的心声

无论是在生活中还是工作中，人们经常会遇到一些不适宜直截了当表达观点或吐露心声的场合。怎么办？最好的办法莫过于假借别人的口，将自己的心声巧妙地表达出来。

说到底，假借他人之口表达心中之言就是一种寻找借口的方法，只不过这个借口找得巧妙，不但可以避免双方的尴尬，还给对方留足了面子，自己又不得罪人，可谓是一举多得。

假借他人之口赞美对方，可以消除对方认为你别有所图、故意为之的猜忌,还可以增强可信度。因为人们一般认为第三方所说的话更加公正、实在,从而也就更容易得到对方的好感与信任。这种赞美是对他人最好的鼓励与恭维,也是最有效的激励手段之一。例如当领导当面夸奖下属时,下属说不定会认为这是场面话而已,不会有太多感触;然而,当下属从第三者的口中听到上司对自己的赞赏后,就会非常感动,然后更加努力,以报答上司的知遇之恩。

假借他人之口拒绝对方有两大好处:一是容易获得他人的理解和接受,甚至博得他人的同情,从而致使对方不再刁难你,你也就可以全身而退了;二是这种委婉的说法可以保全对方的颜面,不至于因为当面生硬的拒绝而使对方不快。所以,当别人的请求你无法满足时,与其绞尽脑汁寻找托词,不如索性将责任推到第三方身上,这是拒绝的绝妙之策。

假借他人之口向对方提要求,不但可以避免被拒绝的尴尬,还可以暗暗地给对方施加一定的压力,令对方顾及第三者的面子与情分,无法轻易将拒绝说出口。同时,这样也无形中增加了求人办事成功的可能性。

小黄到工商局推销百叶窗,在闲聊时无意间听工商局的梁局长提到百货公司最近新建了一座大楼,还没有装修,于是便想方设法找到了百货公司王经理的地址,登门拜访。

但是两人素不相识,小黄如何才能说动对方将大楼交给自己装修呢?

只见小黄做了简短的自我介绍之后,便开门见山地说:"多亏梁局长的指点,我才能找到贵府……"

王经理一听,连忙问:"你和梁局长是朋友?"

小黄微微一笑,没有承认也没有否认,而是说:"梁局长将他们局新建的大楼交给我们装修,这是梁局长对我最大的信任。完工之后,梁局长对我们的工作非常满意,这不,听说你们的新大楼还没有装修,梁局长就介绍我来了。"

看到王经理的脸上露出一丝犹豫,小黄紧接着说:"我曾多次听梁局长在各种场合提起您,说您为人仗义、乐于助人,是他多年的老朋友。他说,您对朋友最讲义气,让我放心找您。他还说您若能帮得上忙,就一定不会推辞的……"

王经理的脸上绽开了笑容,很快,没费多大口舌,生意就谈成了。

小黄在与王经理交谈的过程中,始终没有主动提及自己,而是两次假借梁局长的口,既表明了梁局长对自己的赞赏,也表达了自己想装修百货公司新大楼的意愿,委婉而又巧妙。这正是他的高明之处。这样说出的话,不但更加具有可信度,也令对方不好拒绝,从而做成了生意。

当然,假借他人之口传达心声固然有很多好处,但运用这一策略时也必须注意一个原则,那就是:不要添油加醋、无中生有，否则只会引起别人的反感，结果适得其反。尤其是对他人不利的话，若是让对方听出这实际上是你自己的意思，就会令人更加厌恶，从而造成双方关系恶化，甚至反目成仇。所以，假借他人之口表达自身意图时，一定要注意说话的技巧和态度，不能令对方造成误解，以免引起对方不快。

认同对方的观点，再顺势说出自己的想法

我们在与人交往时，总是希望能说服别人，让别人听从自己的建议，接纳自己的观点。但事实上，做到这一点并不很容易。因为每个人心中都有一个独立的自我，而人的这种独立意识会令他们坚持自己的观点，坚信自己的正确性。这时，争执便不可避免会产生，这个时候想要说服对方则更加具有难度。其实，这是因为你没有充分掌握说服人的技巧与艺术造成的。要想说服他人，必须掌握一定的技巧和艺术，只有这样才能事半功倍，在短时间内让别人接受自己的观点，并心悦诚服。

那么，怎样才能说服别人，让对方接受你的观点呢？直接驳斥是最愚蠢的做法。因为每个人都渴望被肯定、被赞赏，而不是被否定、被批评。你当面驳斥对方的观点，首先会给对方造成不好的感觉，就会排斥你，甚至反感你，那么又怎能让对方心平气和地接受你的观点呢？

所以，要想他人接受自己的观点，首先要在心理上拉近双方的距离，营造和谐友好的谈话气氛。要做到这一点，就必须先认同他人的观点，再顺势说出自己的想法。只有这样，才能令对方产生愿意听从的感情，也才能成功地改变对方的态度。

王鹏就业于一家外资企业，待遇很好，但却因为有一个严格要求的上司，所以工作并不顺心。王鹏的能力和才华其实都不错，但就是不太注意细节问题，于是常常成为上司批评的对象，日子一久，王鹏心中便渐渐积累了怨气。

这一天，由于堵车，王鹏到机场接客户的时候晚了几分钟，上司大为光火，当着客户的面就数落起王鹏的不是。王鹏越听越火，最后一甩袖子，头也不回地离开了机场。

王鹏一到公司，便直接来到总经理办公室，递交辞呈。总经理了解了事情的原委，微笑着说："小王，你的感受我能理解，换作我，我也会因为在客人面前丢了面子而大为恼怒。要是我在你的这个年纪，说不定还会做出更加出格的事来。你没有当面跟上司顶撞，在客户面前体现了我们公司员工的素质，维护了公司的形象，我要感谢你。"

王鹏一听愣住了，总经理的几句话说到了自己的心坎儿里，他不由有些懊悔自己的冲动。总经理接着说："但我认为工作就是工作，即便你的上司对你再严厉，那也是出于工作的需要，并没有掺杂个人恩怨在里面，你认为我说得对吗？对了，你知道现在我最感谢的人是谁吗？就是我当年的上司。他和你的上司一样，对待下属十分严格。但若不是他的严格要求和悉心栽培，我说不定永远只是一个办公室文员，永远也不会有今天的成就和位置……"

话音未落，王鹏便站了起来，心悦诚服地说："您的意思我明白了，谢谢您。我希望能收回我的辞职报告，今后我一定会更加努力地工作。"

总经理对王鹏的劝说并不是指责和批评，而是出人意料地先赞同了王鹏的观点，甚至说出了感同身受的话，这令王鹏大有找到知音的感觉。

自然，王鹏对总经理所说的一切都不会再抱有排斥或敌对的心理，从而心平气和地接受了他的劝告和建议，收回了辞呈。这才是总经理真正目的之所在。试想一下，假如总经理当时不采取这样的方法，而是采取直接说服教育的手段，那么肯定不会取得这样好的效果。

每个人都有被尊重和被肯定的需要，当你认同对方的观点时，就是对他最大的尊重与肯定。

当他觉得自己受到尊重与重视了，自然也就乐意接受你的看法与思想。这时你再趁机说出自己的看法，就会省去很多口舌，还能取得更好的说服效果。

因地制宜说话，唤醒听众的热情

说话还需要因地制宜，因地制宜就是能够将眼前的热点问题或就近发生的事情作为话题信手拈来，不刻意、不矫饰，从而达到征服听众的目的。很多人表示在说话时找不到合适的话题，不知道从哪方面说起，其实造成如此现象的关键原因在于缺乏应有的思维能力。一个思维能力较强的人，无论何时何地，无论手中是否有讲话稿，他都能快速找到合适的话题。

有一次，班上同学小花的一支漂亮钢笔不见了。班主任老师虽然教育过同学不要拿别人的东西，但像这种丢失物品的现象还是时有发生。老师没有惊动任何人做了秘密调查，查清了是谁拿的。但老师并没有公开批评这个同学，因为公开批评会刺伤他幼小的心灵，损伤他的自尊心，他也不一定乐于接受教育。

当天下午，老师在班上开了一个主题班会，主题是：争做诚实的孩子。她首先引导同学们学习《谁打碎了花瓶》这篇课文，然后让同学们讲述自己知道的有关诚实的故事，接着提出三个问题让同学们讨论。讨论后，老师因势利导地对同学们进行了教育：诚实、知错就改是中华民族的优良传统美德，希望做了错事的同学能主动承认并改正。"人无完人，孰能无过"，做了错事并不可怕，只要知错能改，仍然是一个好同学。

第二天，讲台上放着小花的钢笔，还有一张字条，上面写着"老师，我错了"。从这以后，班上小偷小摸的行为大大减少，同学们做了错事都能主动承认并自觉改正，还养成了互相监督的好习惯，班风明显好转。

看过这个案例，相信你也会敬佩这位老师的思维能力。在发现班里学生做了错事后，老师及时地想到即将要学习的课文——《谁打碎了花瓶》，先引导同学们学习，然后延伸话题，提出了"诚实、知错能改"的话题中心，如此一来，那位犯了错误的学生又岂能不懂呢？在老师润物无声的教育指导下，那位学生改正了自己错误的行为。由于话题的合适，不仅让那位犯错误的同学认识并改正了错误，而且让所有的同学都受益匪浅。

因地制宜说话还有一个最大的好处，那就是能唤醒听众的热情。大多数人对于新近发生的事情或者最近的热点问题都是相当关注的，也可以说是十分熟悉。如果你能在说话时巧借热点或眼前发生的事情做话题，那无疑是完全契合听众的心态。另外，这样创新的话题让听众更容易理解，同时也能体现出自己较强的逻辑思维能力。试想，如果有了听众的支持，你还愁自己当众说话不会成功吗？

当然，因地制宜说话还需要注意以下几点。

1. 选择切合中心的话题

每一次说话应该有一个既定的中心，也就是你通过这次说话想要表达什么样的主旨。因为你在选择相关话题时应该切合中心，否则你只是将最近发生的事情乱说一气，那听众也不明白你到底想要说什么。

2. 选择有代表性的就近话题

你所选择的热点或者眼前发生的事情需要具有代表性，不能将东家丢了一只猫、西家遭偷了这样的琐碎事情搬到台面上说，你应该选择更具有代表性和说服力的事情，否则只会贻笑大方。

如果你实在没有特别合适的话题，不妨就从最近发生的事情或者热点问题说起，不过诸如此类的话题需要是与中心话题相关的内容，千万不能逮到什么说什么，也不能一味地求新求异去选择一些自己都搞不懂的话题，更不能冒充内行，乱说一通，否则要么不能自圆其说，中途卡壳，要么漏洞百出，贻笑大方。

识破对手的真实意图，掌握主动权

在日常工作中，与客户谈判成为我们工作的主要内容。而现代商务谈判均是以互惠互利为目的，以洽谈磋商为手段，这

第三章 顺利表达，令人称赞的说话之道

就免不了要与对手进行一番正面的交锋。甚至，我们可以说谈判其实就是一场心理战，谁能掌握主动权，谁就能赢得最后的胜利。

俗话说："知己知彼，百战不殆。"在一番心理较量中，如果我们能有效地识破对手的真实意图，无疑为整个谈判成功赢得最佳的机会。必要的时候，我们可以利用对方的"底牌"给予适当的压力，这会令对方更容易做出决定，他会在压力之下不得不答应我们的要求。所以，面对对手，我们要有信心去打好一场心理战，在心理较量中，识破对手的真实意图，以此达到自己的谈判目的。

20世纪80年代，我国曾与突尼斯SIAP公司的商务代表、技术代表关于在我国兴办化肥厂的有关事项进行谈判。中突双方都非常重视这个建设项目，双方完成了可行性研究报告，经有关人员的反复论证，选择了具有优越港口条件的秦皇岛市作为建厂地点。可行性研究报告刚刚结束，科威特石油化学公司得此消息，便立即表态，愿参与此项目与中方合资办厂，并派出了谈判代表。

可是，出乎意料之外，在谈判一开始，对方听我方介绍完该项目的前期工作，就断然表示："厂址选在秦皇岛不合适，你们所做的一切工作都是毫无用处的，要从头开始！"这话无异于晴空霹雳，我方一时难以提出反驳意见，谈判陷入僵局。

我方代表愣住了：没想到对方一来就是一个下马威，目的是想以嚣张气焰逼迫我方败下阵来，以便答应他们提出的条件。可是，对方不过也是吓吓而已，放弃秦皇岛并不是他们的真实意图，他们真正的意图是以最少的代价征用秦皇岛的土地。这样想来，弄清楚了对方的真实意图，我方代表心生一计。

我方一代表猛地起身发言："我们为了建设这个化肥厂，安置了……看来这事项要无限地拖延下去了，那我们也只好把这块地让出去！对不起，我还有别的事情需要料理，我宣布退出谈判，今天下午我等候你们最后的决定！"30分钟后，情势急转直下，对方表态："快请代表先生回来，我们强烈要求迅速征用秦皇岛的厂地！"

谈判最终取得成功的秘诀在于，我方代表识破了对手的真实意图：不敢真正地舍弃秦皇岛这个占据优势的地理位置。于是，我方代表巧妙应付，向对方表示"那我们只好把这块地让出去了"，没承想，这样一说，真的吓坏了对手，一下子击中了对方的要害，令其不得不降服于我方。

在谈判过程中，我们需要灵活使用心理战术，以此来识破对手的意图，如此才能抢得先机，也才能赢得谈判的最后胜利。

1. 以静制动，谋定而后动

在谈判中，以静制动，就是静止不动，敌不动我不动，静观其变。在双方的对峙中，需要以静制动，你若按捺不住，四处乱动，那么，你的胜算就会少之又少；如果你能以静制动，那么，在与对手的周旋过程中，会逐渐将自己的劣势变为优势，而且，在这等待的过程中，你能够通过其表现出来的言行识破对手的真实意图，这样，对手就处于被动地位了。

2. 懂得退让，才能识破对手的底牌

在谈判过程中，若是紧紧相逼，不仅不能识破对方的真实意图，反而会使自己陷入难堪的境地。因此，我们需要懂得退让，另外，让步不能一步到位，而是应该一步一步地退让，而且让步也不能太早，过早地让步往往会使自己后悔。但是，若关键时刻不肯让步，也容易导致谈判的破裂。大多数情况下，当对方已经到让步的最后阶段，我们可以适当做出让步，让谈判得以顺利进行。

关键的是，在让步之前可以做一些假设性提议，试探对方。例如"如果我们把价格降低5%，您能立刻和我们签约吗？"这样不会让你受到约束，也可以帮助你识破对方的真实意图。

所谓"商场如战场"，面对强有力的对手，我们不仅要具备良好的心理素质，更需要通过对手表现出来的细枝末节去揣摩其真实意图。简单地说，你需要知道对手手中拿着的最后一张王牌，否则，你只会败下阵来。

第四章 学会提问,是有效沟通的开端

生活中交流无处不在,有言语交流就少不了提问,所以提问也无处不在。好的提问,可以改变生活,改善身边的人际关系,同时还可以引发别人的新思想和新发现,既帮助了别人,又为自己赢得了良好的人际关系。

有教养的头脑，总善于提问

普列汉诺夫说："有教养的头脑的第一个标志就是善于提问。"那么，如何才能做到善于提问呢？其妙处在于提问的语言表达方式，很多时候，一些人所提的问题太笼统，或者所提的问题没有实质性的意义，等等，造成这样的结果都是因为其没有使用恰当的表达方式，没有抓住问题的关键。在日常沟通中，问与答是最常见的方式，在大多数人的思维里，做出良好的回答方能实现有效的沟通，然而他们都忽略了在沟通中善于提问才是最主要的。毕竟，善于提问，可以令自己处于沟通的主导地位，从而更利于整个沟通向自己所设想的方向靠近。而且，善于提问，往往会敲开成功的大门。

李四光小时候常常一个人靠着家乡那些来历不明的石头遐想，并提出一系列问题"为什么这里会出现这些孤零零的巨石？""它们是借助什么力量到这儿来的？"长大后的李四光如愿进入了地质系，并在北大地质系主讲岩石学和高等岩石学两门课程。在教学的同时，他对自己的研究工作丝毫没有放松。在研究过程中，他从来不为已有的观点和学说束缚，而是按照自然规律去寻找那些尚未被人们认识和掌握的真理。

第四章　学会提问，是有效沟通的开端

19世纪，不断有德国、美国、法国等国的地质学家来到中国勘探矿产、考察地质。然而，他们并没有在中国发现过冰川现象，于是，"中国不存在第四纪冰川"成为地质学界的一个定论。李四光重新回忆起那些问题"为什么这里会出现孤零零的巨石？""它们是借助什么力量到这儿来的？"他开始致力于这方面的研究。在研究化石期间，他在大行山东麓发现了一块很像冰川条痕石的石头，经过继续研究，他越来越坚信一个判断，那就是中国存在着第四纪冰川。不过，他的这一观点却遭到了国外学者的否定。

为了解决自己儿时的问题，同时，也为了证实自己的观点，他继续寻找更多的冰川遗迹，在长达10年的研究期间，他得出了庐山有大量冰川遗迹的结论。李四光这一学术观点发表后，引起了著名的1934年庐山辩论。1936年，李四光回到黄山考察，并写了《安徽黄山之第四纪冰川现象》的论文，这引起了一些中外学者的注意。他经过40多年的努力，解释了童年时期提出的问题，而自己的学术观点也第一次得到国外科学家的公开承认。

通过提问，李四光揭开了地质学的奥秘，对此，他说："不怀疑不能见真理，所以我希望大家都采取怀疑态度，不要为已成的学说压倒。"

维特根斯坦是大哲学家穆尔的学生，有一天，罗素问穆尔："谁是你最好的学生？"穆尔毫不犹豫地说："维特根斯坦。""为什么？""因为，在我的所有学生中，只有他一个人在听我的课时，老是露着迷茫的神色，老是有一大堆问题。"罗素也是个大哲学家，后来维特根斯坦的名气超过了他，有人问："罗素为什么落伍了？"维特根斯坦说："因为他没有问题了。"

由此可见，善于提问会让一个人不断地进步，继而开发自己的大脑，提高自己的智力。当我们不断地询问"为什么"的时候，那些未知的知识就会接踵而来。甚至，可以毫不夸张地说，善于提问可以敲开机遇之门、成功之门。

如何培养自己善于提问的习惯呢？

1. 有问题就要大胆提出来

我们所处的世界，存在着许许多多我们难以理解的事物。也许，我们所思索的许多问题都只停留在知识的表面，甚至有些问题是相当幼稚的，但是，我们千万不要认为这些问题是"没有必要提问的"，甚至惧怕这样的问题会受到别人的嘲笑，而是应该保持提问的热情，只要有问题就应该大胆提出来。

2. 要有怀疑的精神

也许，别人会告诉你"这就是真理""这是唯一正确的标准答案",然而,无论是面对真理还是所谓的正确答案,我们都应该有一种怀疑的精神,正如李四光所说"不怀疑不能见真理",只有经得起检验的理论才是真正的真理,而怀疑不过是检验中的一个步骤。有疑问就要提出问题,尤其是提出一些自己尝试解决而不能解决的问题,真正培养自己科学的态度和探索的精神。

3. 积极思考

培养自己提问的能力是一个循序渐进、逐步提高的过程,刚开始的时候,我们应该积极思考,使自己产生一种想要提问给大家讨论的欲望。在学习或工作中,常常会遇到一些不懂、难懂的地方,这就是所谓的疑问,也是我们感知过程的障碍。我们要想获得知识,就必须跨过这些障碍,解决这些疑问。因此,发现问题、提出问题是我们必然要经历的过程。善于提问,不仅可以开发自己的大脑,有效地提高智力,而且能够在解决问题的过程中获得一系列知识。

提问之前,想好问什么

俗话说:"凡事预则立,不预则废。"我们在提问之前还应该做好准备工作,这样在提问时才能应付自如、游刃有余。在日常沟通中,许多能说会道之人,说起来头头是道、娓娓道来；有的人却吞吞吐吐、磕磕巴巴、词不达意。为什么会出现这样的差别呢？这就在于说话者是否做了良好的准备。有针对性的提问前期准备包括确定说话对象、收集相关资料、明确自己的主旨、制造说话机会、设计提问细节，等等。正所谓"知己知彼，方能百战不殆"，对于提问而言，也是如此，只有做了充分的准备，你才能让自己问得更好。

一位著名的访谈节目主持人曾经说道："这是一个信息资源共享的年代，而访谈类节目在播出的时间与事件发生的时间关系上远远不及新闻平面媒体以及网络传播的及时性。所以我们前期不仅要熟悉当事人的经历、职业、专业特长、文化素养，还需要了解他的性格、爱好、家庭、语言表达状况等。"

我们都知道，访谈类节目主持人通常在节目录制之前是不与被采访的嘉宾见面的，而在节目的进行过程中主持人呈现出来的沟通状态是和被采访的嘉宾就如朋友一样聊天，这样的交流才可以引起受众的共鸣，同时也可以让被采访者进入一个非常好的聊天状态。访谈类节目可以体现主持人的风格，面对同一件事、同一个采访对象，不同的主持人会从不同的角度提问，假如人云亦云，那就会完全失去访谈类节目中主持人的重要作用。当然，有时候我们也会看到一个热点问题被不同媒体的主持人问来问去，不过这其中许多问题都是重复的。有的主持人，只不过是换了一个演播厅背完问题的主持人而已。

第四章 学会提问，是有效沟通的开端

如何问出新颖的问题呢？

对此，这位著名的主持人说道："主持人要对自己收集的资料进行广泛的了解，从不同的角度分析得出自己的见解。即对各种材料不应满足于现象的罗列、堆积，而要消化材料、研究材料，可以保持清醒形成观点，这是资料准备中关键的一步。主持人通过大量地收集材料对所要采访的对象做到心中有货，与采访对象就有了共同话题，有了沟通心灵的基础，有了平等对话的位置，这样就可以避免在实际访谈中泛泛而谈，访谈的内容也更深入更新颖。当然，唯有如此，才能使人物专访重在对人物内心世界的关注，其精神品格、人生感悟、赢得成就的心路历程、独特风貌都将给观众以生动感人的启迪。"

在生活中，许多人都有这样难堪的经历：有时候一些问题不是出于本心，但偏偏一不留神就问了出来。然后就开始后悔自己为什么口无遮拦，紧接着给对方道歉。举个例子，某位女士在一次同学会上，明明知道同学的公司因金融风暴陷入危机，但她却这样提问："你的公司最近还顺利吗？"真是哪壶不开提哪壶，尽管话一出口，她就后悔了，但是却使得同学的情绪很不佳。

所以，我们在提问之前，一定要多想想，应该问些什么，不应该问些什么。事先做好准备，就不会发生案例中这样的事情。

共情沟通：让谈话更有效的方法

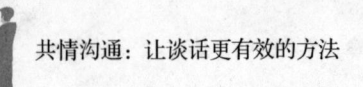

意大利著名女记者奥琳埃娜·法拉奇每次采访前总要用几个星期的时间做准备。为了采访邓小平，她看了好几公斤的材料。

1980年8月，奥琳埃娜·法拉奇在北京采访邓小平时事先做了充分的准备，制定了周密的采访提纲，采访出人意料的是从庆贺邓小平生日开始的。

法拉奇："明天是您的生日？"

邓小平："我的生日？我的生日是明天吗？"

法拉奇："不错，邓小平先生，我从您的传记中知道的。"

邓小平："既然你这样说，就算是吧！我从不记得什么时候是我的生日。就算明天是我的生日，你也不应该祝贺我啊！我已经76岁了，76岁是衰退的年龄啦。"

法拉奇马上说："邓小平先生，我父亲也是76岁了。如果我对他说那是一个衰退的年龄，他会给我一巴掌呢！"

邓小平笑着说："做得对。你不会这样对你父亲说的，是吗？"

采访在非常愉悦的气氛中展开了。显然，法拉奇是在非常细致深入的调查研究基础上，巧妙构思了这个轻松、友好、富有人情味的开场白，既调节了现场气氛，又缩短了与被采访者之间的距离。一位著名主持人曾总结说:"在每次访谈人物之前,我都会努力地去收集对方的资料,越详细越好。对资料熟悉之后,我就会试着提出几个问题,让自己站在访谈者的角度来回答这个问题,这时正好可以将不合适的问题删掉。这样在删除或增加之后,问题就更加丰满了。而且在练习的过程中,我对这些问题都非常熟悉,自然可以在采访时做到胸有成竹。"

那么,在日常生活中,我们应该如何做好提问准备呢?

1. 你想问什么

首先我们需要明确自己的提问目标,包括最大的目标、期望的目标以及可以接受的目标。例如这次沟通你准备向对方提出什么问题,同时思考从哪个角度切入这个问题。先问什么,后问什么,这两个问题怎么衔接起来。

2. 层次提问

提问是有先后顺序的,要逐层深入,由表及里,这样我们提问时才能胸有成竹,并成功将对方的思路引入我们所希望的方向。假如你东问一句,西问一句,不仅自己毫无头绪,也会使得对方摸不着头脑,这就会影响整个沟通过程。

3. 收集对方的详细资料

资料收集是双方的,既要收集对方的资料,也要收集自己的资料。例如销售员在推销产品的时候,需要更为详细地了解自己产品的信息、介绍资料、评估资料以及各种文件等,掌握好产品的相关信息，再收集客户的性格、爱好等基本信息，这样就可以有的放矢地提问了。

4.选择合适的时间和地点

在日常沟通中，假如我们需要向对方提问，尽可能避免选择对方心情不佳或繁忙的时候去，当然，自己也要保持良好的精神状态。此外，还需要选择合适的地点，因为一个人只有在自己熟悉的环境里才会感到更舒适、更坦然、情绪更好，所以地点要选择双方或者自己比较熟悉的地方。

连续向对方提问，压倒对方的气势

日常沟通中的双方不会都站在同一个层面，有时候我们面对的对方，有可能阅历比我们丰富，学历比我们高，我们在这样的场合会非常没有自信，总是觉得己不如人。这样的想法，会不时地通过谈话表露出来，使自己处于谈话的下风。这样就会限制我们的观念和意见的表达，我们常常会因为自己处于下风，而让我们在谈话内容中涉及的观念和意见不攻自破。怎么让自己在谈话中处于上风？这就需要说话中的一个技巧——问题攻势。如果我们想在和对方的谈话中占上风，就应该提前准备很多对方根本回答不上的问题，连续向他发问。对方回答不了这些问题，当我们看到对方面露难色的时候，肯定能逐渐平

第四章 学会提问,是有效沟通的开端

静下来,恢复自信,我们就已经占了上风。

一位年轻人突然接到命令,到某银行的一个实力雄厚的分行任行长。这位年轻人受命来到分行,大家见到行长非常年轻,一点都不威严,银行中经验丰富的老职员都发牢骚说:"难道就让这小子来指挥我们?"

但是,令大家都没有想到的是,分行行长一到任,就立即把老职员一个个找来,连珠炮似的问起了问题。

"你一周去B食品公司访问几次?每个月平均能去几次?"

"制药公司的职员是我们的老客户,他们在我们银行开户的百分比是多少?"

……

就这样,在大家诧异的眼光中,这位年轻的分行行长问倒了所有的老职员。

年轻的分行行长知道自己年轻肯定不能让老职员们信服,而且经验也不如老职员们丰富,于是他聪明地避开正面的交锋,而是一到任,就立即把老职员一个个找来,问起了问题。年轻的分行行长在这里使用的就是"问题攻势"这个方法。这样的方法使得他问倒了所有的老职员,他已经在气势上占了上风,以后这些老职员定会信服他。

有一天晚上，王小姐在夜校上完课，回家的路上，有位年轻男子从她后面跟上来，想和她谈谈心。王小姐一看这位年轻男子，身穿着红色衬衣，肩上挂着西装背带，胸前还挂个耶稣像的十字架，心里对这个男子的思想状态已经相当明白了。男子非常诚恳地拜王小姐为师，表示要向王小姐学习文学和外语，王小姐见他真诚，就和他谈起心，于是他们的沟通是从一连串的问题开始的。

王小姐："你为什么要戴这个十字架呢？"

年轻男子："你是搞中国古典文学的，还懂这玩意儿？"

王小姐："你真是小看我了，我要连这个问题都答不上来，今天我算不算在你面前丢面子了？"

年轻男子微笑不语。

王小姐："你不是在学外语吗？我问你，'圣经'这个词，用英语怎么说？"

年轻男子：……

王小姐："bible。"

王小姐："你每天戴着十字架，会念祈祷词吗？"

年轻男子："不就是阿门吗？"

王小姐："不对。你读过圣经吗？圣经里都讲了些什么呢？"

年轻男子："不知道，没读过。"

王小姐:"《旧约全书》和《新约全书》的主要内容是……你知道美的实质吗?"

王小姐:"例如,有个女孩长得非常漂亮,笑起来还有两个可爱的小酒窝呢,表面上看,挺漂亮的,但是有人告诉你,她竟然是一个小偷,你还认为她美吗?"

年轻男子:"内外不一致,不美。"

王小姐:"有一个修女,外表穿得很肃穆,内心对耶稣很虔诚,胸前挂着一个十字架,你觉得她美吗?"

年轻男子:"内外相和谐,对基督徒来说,还是美的。"

王小姐:"那么请问,你既不懂基督教,又不信耶稣,胸前戴着十字架,你是美在哪儿呢?"

年轻男子:"呃……"

王小姐:"你为什么戴它呢?"

年轻男子:"我看外国人戴,外国人能戴,我干吗不能戴?"

王小姐:"你的领导没有批评过你吗?你从来不思考自己的行为吗?"

……

在谈话中巧妙地使自己原本处于下风的姿态转换为瞬间占上风,这样就更容易让人信服。"问题攻势"就是连续地向别人提问,如果这个时候你故意问对方你知道的事情,也许会被认为是不怀好意。但是，问题攻势的目的就是让对方丧失气势，所以你在这个时候，绝对不能心软，要尽量使用这个办法压倒对方的气势，使自己处于上风的位置。

1. 使用蜂音技巧

有研究者发现这种连珠炮似的发问就像"蜜蜂振动翅膀发出的令人烦躁的声音"，并把它叫作"蜂音技巧"，就是用一种让人心烦的聒噪声来驳倒对方的战术。人们往往对于涉及很详细的数字的问题，都不可能立刻回答出来，所以这个战术对于在谈话中取得上风十分有效。假如对方能够一下子就回答出来，那你就可以继续追问："除了这个之外，你还能举出什么例子吗？"等问题，直到对方哑口无言。

2. 模糊问题本身

既然通过蜂音技巧展开问题攻势的目的是驳倒对方，那么一定要记住，所提出的问题要抽象、模糊，尽量找对方不好回答的问题。对方越回答不出来问题，你占据上风的优势就越明显，你就越有可能取得对话中的胜利，也更容易说服对方。

让对方多谈自己得意的事情

正所谓"酒逢知己千杯少，话不投机半句多"。在生活中，每个人都有自己喜欢听的话和不喜欢听的话，在与人交往的过程中,假如我们谈论别人喜欢的话题,往往会让对方感觉我们很贴心,从而达到我们的目的。事实上,每个人或多或少都有自以为很得意的事情,至于这件事是否真的有价值,那就另当别论了。不过,至少在当事人看来,这就是一件非常有意义的事情。在沟通过程中,假如我们通过提问让对方谈论自己得意的事情,就等于给对方一个很好的表现自己的机会,从而使得沟通活动成功进行。

有一年,欧洲要举办一场盛世空前的少年学术科技大会。眼看着日子一天天逼近了,但是前去参加科技大会的少年却没有及时筹集到旅费。罗曼森负责此次科技大会工作,为了这个事情他不得不每天东奔西走,但毫无进展,最后,他只好厚着脸皮去拜见一家大公司的董事长,希望对方能够出资援助。

在去见这位董事长之前,罗曼森在报纸上曾看到一件有关这位董事长的事情。据说这位董事长中了一张100万美元的彩券,他将兑现的彩券支票放在玻璃镜框里,并挂在墙上。当罗曼森去拜访董事长的时候,他并没有马上进入正题,而是提出:"董事长,听说你有一张受人瞩目的彩券支票,可以让我见识一下吗?"董事长听完十分高兴,便带他去看。罗曼森一边看,一边问:"你当时是怎么获得彩券的?"他打听着这张彩券的中奖故事,却一直没有说自己请求的事情。

没想到,这位董事长反而主动问他:"今天你来这儿有什么事情吗？"罗曼森一听，机会来了，他委婉地说出了自己的期望。幸运的是，这位董事长一口答应了他的请求。本来罗曼森只决定派一位少年代表去欧洲，结果在这位董事长的帮助下，有5位少年和罗曼森同行去欧洲，而且董事长还开出一张1000美元的支票，让他们在欧洲逗留一个星期。

这件事以后，董事长一直非常支持少年学术界的各项活动。而罗曼森通过这位董事长结识了不少富人，经过一番商量，这些富人便准备筹资建立当地最大的一所少年科技中心。

威廉·詹姆斯曾说："人类本质里最殷切的需求是渴望被肯定。"而潜意识里的赞美就是一种更加直接和深刻的肯定，因为赞美满足了人类的本质需求，所以会受到别人的欢迎。假如你希望人际关系更加和谐，那就提问，从对方最值得骄傲的事情谈起。

1. 提问之前做足功夫

如同罗曼森一样，在向对方提问之前，我们需要做好资料的收集工作，如对方值得骄傲的事情、对方得意的事情等。这样我们在实际沟通中才能从细微处着手，说到对方最值得骄傲的事情上去，否则无的放矢，只会起到相反的作用。

2. 提问时态度真诚

在实际沟通中，我们向对方提问时要保持真诚的态度，举止大方，假如可以做到这些，双方的交际就有了一个很好的开头，这无疑为后面交际的良性发展打下一个很好的基础。假如我们通过提问，让对方说出他们值得骄傲的事情，或由我们去说出对方值得骄傲的事情，那么对方肯定就会对我们大有好感。

3. 提问后适时赞美

我们必须明白，满足对方心中的骄傲，适时地赞美，这也是人际交往中必胜的法则之一。只有对方感到快乐舒畅了，我们才算成功地迈开了交际的第一步。时间长了，我们自然可以顺利地融入对方的圈子里去。

说对方喜欢的事情，让对方多说

著名口才大师卡耐基说："即使你喜欢吃香蕉、三明治，但是你不能用这些东西去钓鱼，因为鱼并不喜欢它们。你想钓到鱼，必须下鱼饵才行。"简单地说，当我们在与对方进行语言交流的时候，需要"忘记"自己的兴趣与爱好，用对方的兴趣爱好来提问，这样会使彼此之间的沟通更加顺畅。在沟通过程中，通过提问谈论对方的兴趣与爱好，能让对方感觉到受重视、受尊重，继而赢得对方的好感与信任。许多人习惯于谈论自己的兴趣爱好，从来不考虑对方，这样的人永远不会得到对方的认同。所以，赢得对方好感与信任的诀窍在于，用他人的兴趣与爱好来提问，谈论他最喜欢的事情，这样才能让对方多说。

三国时期，邓芝受命出使东吴。他到了东吴，孙权对他很怀疑，因此不肯接见。过了两天，邓芝给孙权写了一封书信。孙权一看，只见书信上写道："臣今到此，非但为蜀，并且为吴。若大王不愿见臣，臣就走了。"孙权犹豫不定，一些大臣也都想刁难一下邓芝。后来，孙权采纳了张昭"先给邓芝个下马威"的意见，在殿前放一个沸腾的油鼎，命武士各执兵器站立在两侧，召邓芝入见。

邓芝听闻孙权召见他，便从馆舍出来，毫无惧色，昂首走入大殿。邓芝进入殿内，就对孙权说："我特为吴国利害而来，大王却设兵置鼎以拒一儒生，可见大王度量太小。"孙权听后，觉得很惶愧，忙令人赐坐。邓芝问道："大王欲与魏和呢？还是与蜀和呢？"孙权说："孤非不欲和蜀，但恐蜀主年幼国小，不足敌魏。"邓芝侃侃道："大王为当世英雄，诸葛亮亦一代豪杰。蜀有山险关隘，吴有三江，若互为唇齿，进可兼并天下，退可鼎足峙立。如大王甘心事魏，魏必然会征大王入朝，索王子做质子，一不从命，便起大兵讨伐，那时蜀国再顺江东下，臣恐大王两面受敌，江东之地不能复有了，请大王熟思！"为赢得孙权的信任，表示诚意，邓芝又说："若大王以为愚言是不可取的谎言，吾愿立即死在大王面前，以杜绝说客之名。"说着,撩起衣服,就装作向油鼎跳去。孙权忙令人将邓芝拦住,请入后殿,以上宾之礼相待。

大王欲与魏和呢?还是与蜀和呢?邓芝的一句提问,透露出蜀国因地势险要而有一定的"利用价值":"诸葛亮亦一代豪杰,蜀有山险关隘,吴有三江,若互为唇齿,进可兼并天下,退可鼎足峙立。如大王甘心事魏,魏必然会征大王入朝,索王子做质子,一不从命,便起大兵讨伐,那时蜀国再顺江东下,臣恐大王两面受敌,江东之地不能复有了,请大王熟思!"这正是孙权所最关心的事情,所以最终邓芝成功地说服了对方。

1949年上海解放后,陈毅担任上海市的第一任市长。由于面临着严重困难,陈毅想请当时上海一位很有名望的化学家齐仰之先生出山,凭靠自身的力量制造青霉素。不过,先后去了几个同志都被齐先生拒绝了,于是,陈毅决定亲自上门拜访,以求对方答应。

见到齐仰之先生之后,陈毅开口谈起了化学和化工,并向齐仰之问道:"你认为化学未来发展的趋势是什么?"齐仰之一听立即来了兴趣,双方迅速找到了共同的兴趣点,谈兴甚欢。在愉快的交谈中,时间很快就过去了半个小时。陈毅很有艺术地说:"齐老先生,今天打搅您不少时间,改天我再登门拜访。下一次，我还要和您谈化学，而且要谈一门您不熟悉的化学。"齐仰之想，我还有什么化学不知道，无论如何都不放陈毅走，说："别下次了，咱们现在就开始谈，谈到天亮都行！"陈毅接着说："您研究的是自然界的化学，我要谈的是我们共产党的化学，叫作社会变化之学。"抓住这一时机，陈毅痛批国民党的弊病，陈述共产党的主张，比较新旧社会的变化，畅谈建设新上海的构想。就这样，双方越谈越亲，越谈越近。最后，陈毅再和盘托出此行的目的，说："您以前不愿意出来做事，那是在腐败的旧社会。今天，我们请您出来做的是利国利民的好事，请您看在老百姓的分上，帮帮我们吧！"这一番话终于打动了齐仰之，他爽快地答应了陈毅的请求。

在这个案例中，体现了陈毅高超的沟通提问技巧和卓越的沟通能力，一开始他并没有直接说出自己的目的，而是通过提问说中对方的兴趣，顺着对方的喜好说，再在感情、道义上绕了一个让人不宜也不忍拒绝的"套子"，而且语气曲折委婉，表述又贴切诚恳，最终如愿以偿达到自己的目的。

1. 从对方的兴趣谈起

每个人都有自己的兴趣爱好，而这一兴趣爱好往往是自己引以为傲，或者是最擅长的一方面。通常来说，如果你能把问题巧妙地引到对方的兴趣爱好上来，那一定能够消除对方的陌生感，激起对方谈话的兴趣。所以，你不妨先问明陌生人的兴趣爱好，再循趣生发，顺利地进入正式话题。

2. 巧妙提问

你在与陌生人交谈的时候，可以先巧妙地提问，通过提问对他有了一定的了解之后再进行有目的的交谈，这样便能够使你们的谈话顺利地开展并进行下去。例如，你在宴会上遇到陌生的同桌，你便可以询问一下对方："您和我们的总经理是亲戚呢？还是朋友？"不管对方的回答是什么，你都可以将你们的话题交谈下去。即便是对方与总经理的关系不是你所说的这两种，你也可以与对方进行另外的交谈。

3. 即兴而起

有时候，你事先准备的问题也许并不适合坐在你对面的陌生人，那么你不妨即兴另起一个话题。你可以巧妙地借助你们谈话的时间、地点以及人物作为话题的材料，借此引发交谈。例如，你对在路边支摊的妇人说："这天气转凉了，出来逛的人也越来越多了，你们这儿的生意好些了吗？"这样一句话，就可以引来她向你讲述在外面摆摊那种露宿街头的艰辛生活。

4. 先从对方谈起

当你面对一个陌生人的时候，你不妨通过提问把话题先从对方身上谈起，你可以解析一下对方的名字，你可以赞赏一下对方的穿衣打扮，你可以赞美一下对方的靓丽外貌。这些都是从对方的第一次见面就能获得的信息，你可以充分地加以利用，引起对方谈话的兴趣。

简单寒暄，让气氛活跃起来

在正式沟通开始之前，双方所进行的就是寒暄、入座，有的人认为这是最简单的程序，不就是打个招呼，彼此入座吗？其实这样考虑简单的人往往会吃亏在这点上，提问尚未开始，那将意味着整个沟通的基调都从这里开始，气氛是缓和还是紧张，全靠那几句寒暄话。高明的提问者往往会以简单的几句话就能奠定良好的沟通氛围，而那些缺乏好口才的提问者则通常是一两句话就让整个场面变得尴尬。因此在沟通正式开始之时，作为提问者要善于说几句好话，积极营造和谐愉快的氛围。我们所说的寒暄，也就是打招呼，这是人与人之间进行语言交流的方法之一。通过彼此的寒暄，会让陌生的人相互认识，让不熟悉的人变得熟悉，让冷冷的气氛变得活跃起来，更为双方进行深入的交谈架设桥梁，达到顺利沟通的目的。

唐朝诗人杜甫和剑南节度使严武是好朋友，两个人经常在一块喝酒吟诗、谈天说地。杜甫来到成都的时候，在严武的帐下做幕僚，严武帮助他建了一座草堂，把他一家都安顿下来，使杜甫长期颠沛流离、食不果腹的生活得到了很大的改善。杜甫对严武的帮助铭记于心，发誓要报答他。但是杜甫有一个毛病，就是和别人开玩笑的时候经常不注意分寸，言辞之间带有着明显的侮辱性质。有一次，他喝醉了酒，就站在严武的床上,瞪着眼睛,用手指着严武的鼻子说:"严挺之怎么生了你这么一个儿子呀?"严武听后,感到很气愤,觉得杜甫十分看不起他,就恨恨地走出门去,回到家里想到杜甫平日里对他多有不敬,越想越生气,就派人准备把杜甫杀掉。严武的母亲听说这件事之后,赶紧把消息告诉了杜甫,又雇了一条船帮助他逃走。仓皇而逃的杜甫对醉酒后说出的无礼的话感到十分后悔,但是为时已晚,不仅失去了最好的朋友,更让自己的家庭再次陷入苦难与贫穷之中。

"严挺之怎么生了你这么一个儿子呀?"这句话实在令人生气。杜甫的一生是坎坷的,这和当时的社会现实固然有着很大的关系,但从很大程度上来说,他一生中的艰难困苦也是自找的。他的故事告诉我们,无论任何时候,和别人的关系多么亲近,都要在言语上谨慎一些,不能说太多出格的话。

沟通气氛是双方之间的相互态度,它可以影响对方人员的心理、情绪和感觉,从而引起相应的反应。可以说,沟通气氛对整个提问过程具有十分重要的影响,其发展变化将直接影响整个沟通过程。例如,相对热烈、积极、合作的气氛会将沟通朝着达成一致协议的方向推进。在沟通一开始,假如我们能说几句妙语,灵巧提问,就会让双方有一种"有缘相知"的感觉,彼此都愿意有好的合作,都愿意在合作中共同受益。沟通中的哪一方控制住开局的气氛,某种程度上就等于控制住了对方。

中国一家彩电生产企业准备从日本引进一条生产线,于是与日本一家公司进行了接触。双方分别派出谈判小组就此问题进行谈判。

谈判当天,双方谈判代表刚刚就坐,中方的首席代表王副总经理就站了起来,他对大家说:"在谈判开始之前,我有一个好消息与大家分享,我的太太在昨天夜里为我生了一个大胖儿子!"这话一出,中方职员纷纷站起来向他道喜。

在这样热烈气氛的带动下,日方代表也纷纷站起来道贺。谈判会场的气氛顿时高涨起来,谈判进行得很顺利。中方企业以合理的价格顺利地引进一条生产线。

在沟通过程中,这个王副总经理为什么要提自己太太生孩子的事情呢?原来,这位王副总经理在与日本企业的接触中发现,日本人总是板着面孔谈判,造成一种冰冷的沟通气氛,这很容易给己方造成心理压力,从而使对方控制整个沟通过程,趁机抬高价格或提出更多的条件。于是,王副总经理便想出用自己的喜事来打破对手的冰冷面孔,营造出一种利于自己的热烈气氛。

东南亚某个国家的华人企业想要拿到日本一著名电子公司

在当地的代理权,双方几次磋商均未达成协议。在最后的一次谈判中,华人企业的谈判代表发现日方代表喝茶取茶杯的姿势十分特别。于是,他说:"从您喝茶的姿势来看,您十分精通茶道,能否为我们介绍一下?"没想到,这句话正好点中日方代表的兴趣所在,于是他滔滔不绝地讲起来。结果,后面的谈判进行得异常顺利,那个华人企业终于拿到了所希望的地区代理权。

原来,营造良好的沟通氛围,在轻松愉悦的气氛中可以缓解沟通中的紧张情绪,增进人们的感情。在良好的氛围下,人们更容易被尊重,也更容易获得支持与关注,而且,良好的氛围更容易达成一致的协议。

1. 语言尽量委婉含蓄

不管你需要达成什么样的沟通目标,在与对方交谈时也尽量使用含蓄委婉的语言,以和为贵,力图为后面沟通的顺利进行营造良好的氛围和条件。有的人一见面就直言直语,心中的喜怒情绪暴露无遗,若是在这时说了一些破坏气氛的话,肯定会给整个沟通带来极为不利的影响。

2. 态度要诚恳

作为沟通的一方,在正式交流之初,你需要通过语言表达出内心的诚恳,表示自己很愿意达成最后的协议,希望本次沟通能取得好的成果。通常只要对方感受到你态度上的诚恳,一般都会以同样的态度对待你,这样和谐融洽的氛围就有了。

3.用自己的态度渲染对方

在提问过程中,我们要学会重视对方。例如是否积极地与对方进行眼神接触?是否在认真地听对方说话?是否及时地回答对方的问题,给予对方反馈?是否积极地用身体语言告诉对方,你对他的话题很感兴趣?我们要让对方感到自己的重要性,满足对方的虚荣心,适时赞美对方,只有这样才能感染对方,让对方的情绪放松,从而成功营造宽松和谐的氛围。

第五章

含蓄表达，曲径通幽话委婉

每个人都需要表达自己的思想，当我们想向别人表达意见时，委婉表达胜过直接表达。尤其是我们向别人提出意见时，不能直接说，而是采取含蓄的方式，运用绕圈子、暗示等说话方式，这要比直接表达更有效果，更能达成目的。

迂回曲折地表达内心本意

委婉是用迂回曲折的语言来表达本意的说话方式，说话者会故意说一些与本意相关或相似的话，以表达出本来要直说的意思。委婉的表达方式就是沟通过程中的缓冲带，它既可以让本来可能困难的交流变得顺利起来，又可以使对方在比较舒适的氛围中领悟到说话者的本意。

小张和小赵是大学同学，他俩同时去一家大公司应聘，并且同时被该公司的市场部录取，又在同一领导手下工作。两个人的工作能力以及在公司的表现都很好，几年以后，两人都成了公司的骨干员工。

但是，两个人的处事风格却完全不同，当领导的决策出现问题的时候，小张总是立刻就做出反应，直言不讳地将领导的错误指出来。而当遇到领导安排的事情有明显的错误的情况还会按照自己的做事风格，不去接受领导给予自己的工作任务。

小赵就和小张的办事态度完全不同，小赵在领导的决策有问题的情况下，不会像小张一样，将领导的错误直接指出来，而是私下找机会和领导单独说。如果将自己的观点说给领导听了之后，领导还是坚持他自己的观点，那小赵也会认真地去完成任务。即使这个任务真的有问题,他也会帮助领导承担属于自己的责任。

于是,几年之后,领导即将升职,在给自己挑选接班人的时候,他毫不犹豫地选择了小赵。

小张将自己的看法毫无保留地、直接地说给领导听,但是,他没有注意到维护领导的面子,而且有些话也是不适合说得那样直接的。而小赵采取的处事方式和小张的完全不一样,而是既让领导知道了他的意思,又维护了领导的面子,自然会受到领导的重用。

一般而言,委婉常常用来规劝他人或者向他人提出意见,这样可以避免直接叙述给对方造成伤害而产生抵触情绪,也能让对方在愉快的气氛中接受我们的建议,最终达成共识。有时候,考虑到朋友的面子和自尊心,我们对于朋友的所作所为不好直接提出意见,这时就可以采取委婉的方式来表达。

1. 借助中介

当我们想要对朋友提出一些中肯的建议时,可以借助故事或者寓言等,这样就事论理的方式会让朋友在细细品味我们语言的同时领悟到我们的本意。例如,当你想规劝朋友不要再酗酒的时候,你可以讲隔壁叔叔因为喝酒过多住进了医院,这样朋友就明白你的用心良苦了。

2. 巧妙利用时机

如果你直接以建议者的身份出现在朋友面前，会造成对立的局势，可能你越说朋友越不听。这时候，你要巧妙利用时机，尽量在愉快的氛围中提出自己的建议。

3. 多角度提出建议

当你的建议被朋友反驳的时候，不要纠结于从一个角度去说，你可以多角度地提出自己的建议。当然，其中隐藏的含义需要对方自己领悟，并在自我启发中认识到问题的严重性。这样的表达方式考虑到朋友的心理和面子，更容易使朋友改正错误和接受建议。

朋友之间本来是平等友善的关系，如果忽然受到别人的批评，会觉得很没面子，所以无论多要好的朋友，都要注意说话的方式以及语气，不能说得太过直接，这样会伤害朋友的自尊心，破坏自己与朋友之间的友谊。即使说到这些事情的时候，也应该尽量委婉地将自己的意见表达出来，不致伤害到他人。

含糊其词，不正面回答对方的问题

我们经常会遇到这样的问题，当别人问你一个问题的时候，说实话有时候对人对己也许会起反面作用，那么这个时候，就有必要说一些谎言来安慰对方。这样，就需要事先将谎言做一番必要的修饰了。

巧琳是一个标准的胖女生。一天她到商场买衣服,在试衣服的时候,她问道:"我是不是太胖了?这件衣服会不会显得我更胖?"

A店员跟她说:"如果你怕看起来胖的话,可以加一条宽腰带,这样就可以使你看上去苗条些。"B店员看了看巧琳,认为她大概30岁,便说:"你属于比较有肉感的女生,这样的女生比较有福气,如果你怕看起来会胖,我们有另一款深色的衣服,具有修饰身材的效果,你可以试穿一下。"

在这里,两个店员都刻意回避了巧琳胖这一事实,而用"看上去苗条""有福气"之类的话语巧妙地来修饰自己善意的谎言。在现实生活中,当需要用善意的谎言的时候,该如何来修饰这些谎言呢?

(1)编织谎话要声情并茂,不要让你的神色"出卖"你。例如,对癌症患者撒谎说他的病不是癌,要自编自圆,而且自己不能表现出悲痛的神情来。

(2)不要让对方难堪。例如,一个人请你吃饭,而你又不想去,这时候,你可以用谎言来婉言谢绝,而不是硬生生地告诉他你不去。

(3)用调侃的口气将谎言说出来。为了强调言谈内容的情境,故意把未曾发生的事情用讲笑话的方式说出来,以增强谈话的气氛等。

对于你不完全了解的事情或是无法做出决定的事情，可以含糊其词，或者不去正面回答对方的问题，既可讨好对方，又给出自己的意见，借此来使得对方相信自己。

不可随口一说，就怕听者有心

妈妈问我们想吃什么饭菜，我们说随便；爸爸问我们周末想去哪里玩，我们说随便；爱人问我们喜欢什么颜色的衣服，我们说随便；孩子问我们喜欢吃肯德基还是麦当劳，我们说随便……仔细想想，我们一天之中似乎要说很多次随便。这个随便，可以随便说说，但是不能总是说话随便。前文已经说过，语言对我们生活的影响非常之大。假如每次说话都抱着随随便便的态度，那么祸从口出就不再是一句警示，而是一种切实的伤痛。

很多时候，当我们随便地说出话之后，却会引起严重的后果。我们往往会说，我当时只是随便说说，哪里能想到会引发这么严重的后果呢？！然后，无论我们怎么为自己辩解，都必须承担因此而起的一切责任。这样不愉快的经历，使得很多人保持缄口不言。他们宁愿囚禁自己的舌头，也不愿意再次经历祸从口出的噩梦。但是，作为社会的一员，我们都在人群里生活，怎么可能一直沉默下去呢？而且，作为沟通的媒介，当我

第五章 含蓄表达，曲径通幽话委婉

们封锁住语言的渠道，也就失去了与外界交流和沟通的介质。如此一来，生活必然大受影响。

很久以前，有位僧人住在大山深处的寺庙里。他有个徒弟，特别懒惰，每天都要睡到太阳照屁股才起床。无奈之下，僧人只好每天清晨都喊徒弟起床。一次，两次，三次……虽然僧人从清晨就开始喊徒弟，但是徒弟总是磨磨蹭蹭，要到日晒三竿才起来。有一天，僧人看着撅着屁股呼呼大睡的徒弟，气愤地喊道："你难道一睡不醒了吗？连乌龟都已经从池塘爬到院子里来啦！"此时，一个正在寺庙里为家人祈福的人，听到僧人的话。他恰巧需要乌龟做药引，因此赶紧跑进院子，抓了乌龟回家去了。他的家人喝了乌龟汤之后，果然身体渐渐痊愈。为了感谢僧人，他还特意跑到寺庙里道谢。得知自己的一句话害死了乌龟，僧人懊悔不已，决定不再说话。

几天之后，僧人坐在寺庙的门前晒太阳。这时，一位盲人慢慢地走过来，眼看着就要走到池塘边了。他很想警告盲人不要继续朝前走，否则就会掉进池塘，但是一想起自己曾经因为一句话害死了乌龟，又决定保持沉默。正当他内心挣扎不停时，盲人已经失足掉进河里淹死了。僧人感到万分懊悔，这才明白人活着，有些话不能说，而有些话非说不可。

李娜是一家公司的前台文秘。有段时间，公司里每个人都

共情沟通：让谈话更有效的方法

带早餐去单位，李娜也和大家一样天天带早餐。有个周五的早晨，李娜带了自己做的便当，同事们看了之后纷纷羡慕，夸赞李娜手艺好。还有个同事提议："既然李娜的手艺这么好，大家没有理由不去尝尝啊。这样吧，马上就是周末了，我提议周末没有安排的同事，大家一起去李娜家蹭饭吃，好不好？"李娜在大家的起哄声中，说："当然没问题啊！"第二天是周六，李娜睡到日上三竿才起床，正准备刷牙，就听到敲门声。她还以为是快递员呢，于是睡眼蒙眬地打开了门。不想，一大群同事站在她家门口，衣衫不整的李娜尖叫一声，捂着脸逃回卧室。

直到十几分钟之后，她才换好衣服，平复心情，走到客厅。这时，大家你看看我，我看看你，前一天提议去李娜家吃饭的同事说："李娜，你不是同意大家今天来尝尝你的手艺吗？"李娜惊愕地说："啊，原来你们当真啊，我只是随口一说。"大家更是大眼瞪小眼，不知道该说什么。这时，李娜笑着说："不过没关系，我家冰箱是满的呢！我现在就洗手做羹汤，保证让大家吃得心满意足。"

从僧人的故事中，我们不难知道，有些话不能随便说，有的时候不能随便沉默。总而言之，事情总是处于千变万化之中，我们必须根据当前的情况，理性地做出选择，才能有所言、有所不言。从李娜的事例中，我们则更可以看到随便说话的后果。很多时候，我们只是随口一说，但是说者无意，听者有心。面对一大群同事，衣衫不整、睡眼惺忪的李娜，简直受到了大大的惊吓。要想搞好人际关系原本就很难，每个人都必须多多运用智慧，保持良好的心态。幸好李娜反应还算及时，没有让已经坐在她家客厅里的同事们太尴尬。

生活中，因为口出狂言或者恶语相向，导致激怒他人的事情时有发生。当悲剧一旦发生，即使万分懊悔，也无法再改变什么。不管什么时候，我们都不能为了逞口舌之快而说出伤害他人的话，也不能因为报复他人就口不择言。只有本着真诚友善的态度与人交往，说些有益的话，我们的人际关系才会越来越好。作为理性的人，作为对他人和自己负责的人，我们一定要在说话之前三思而行。不管什么时候，都不要说极端的话，也不要说无中生有、空穴来风的话。尤其是现代社会信息传递速度如此之快，如果总是"随便"说话，那么难免会因此而吃大亏。

委婉指出错误，引导对方积极思考

生活中不乏得理不饶人的人。在给他人指出错误时，他们异常的严肃，恨不得用严厉的批评让对方脱胎换骨，又恨不得让对方痛哭流涕，发誓一定改过自新、重新做人。其实，生活中根本就没有这些严重到如此程度的错误。大多数情况下，对错并不是绝对的，只是因为看待问题的人的观点不同、利益的出发点不同而已。因此，每个人都会犯错，错误并非罪无可赦。当发现别人犯错时，我们首先不应该义正词严地指责对方，而是要想一想自己也会犯错，从而心平气和地为对方指出错误，引导对方进行积极的思考。

为了避免尴尬，在给对方指出错误时，聪明人往往还会给对方留好台阶。这样，犯错的一方就不会觉得无地自容，从而顺着台阶下来，顺理成章地道歉。古人云，杀人不过头点地，和生死相比，错误都是可以原谅的。因此，对待他人的错误咬牙切齿的人，往往是心胸狭隘、和自己较劲的人。实际上，当你对别人的错误耿耿于怀时，你也是在用别人的错误惩罚自己。既然如此，何不给对方台阶，也给自己快乐的机会呢？！

作为世界著名的成功学大师，卡耐基先生经常四处演讲。每次演讲之前，他的助理茉莉都会帮他准备好演讲稿。这一天，卡耐基要去参加一个非常重要的学术演讲。和每次一样，茉莉熟练地把演讲稿放进卡耐基的包里。到达现场之后，卡耐基面带微笑，取出演讲稿开始演讲。他刚刚读了几句，台下的观众就忍俊不禁起来，还不停地交头接耳、窃窃私语。卡耐基马上就意识到，自己所读的演讲稿和今天要演讲的内容完全不相符。他知道，是茉莉放错了演讲稿，才让他闹出这样的大笑话。在那一瞬间，卡耐基特别生气，真恨不得马上狠狠地批评

第五章 含蓄表达，曲径通幽话委婉

茉莉一顿。然而，现场的局面必须尽快控制住，为此，他佯装镇定地开玩笑说："朋友们，我想，我这个开场的小玩笑一定让你们欢乐开怀了！那么，接下来让我们专心致志地步入正题吧，我们今天要讨论的话题是……"虽然没有演讲稿，但是在讲台上身经百战的卡耐基先生，依然进行了一次精彩的演讲。

演讲结束了，卡耐基回到办公室。茉莉像往常一样迎上前去，接过卡耐基的包。她笑着说："卡耐基先生，今天的演讲一定非常精彩吧！"卡耐基点点头，笑着说："是的，台下简直掌声如潮。"茉莉高兴地说："您的演讲当然能博得掌声，祝贺您啊！"卡耐基话锋一转，说："茉莉，我真要感谢你啊，要不是你把'如何让奶牛产奶'的演讲资料给我，让我拿到'怎样摆脱忧郁回归快乐'的讲台上去读，我肯定不能赢得空前热烈的掌声。"茉莉羞愧得满脸通红，抱歉地说："卡耐基先生，对不起，我让您闹笑话了。""没关系，谢谢你给了我这次自由演讲的机会。"说完，卡耐基回到座位上，开始埋头整理演讲稿。从此之后，茉莉再也没有犯过同样的错误。

茉莉深刻地认识到自己的错误，卡耐基先生的宽容和幽默，更加让她无地自容，也鞭策她在之后的工作中万分小心，保证不再犯同样的错误。倘若卡耐基先生回到办公室，劈头盖脸就把茉莉骂一顿，那么茉莉一定很难继续留在卡耐基身边工作。对于卡耐基而言，已经磨合较好并且熟悉的茉莉，肯定比

新的助理更贴心。为此,在指出茉莉的错误时,他非常幽默地给了茉莉一个台阶,让茉莉在接受批评时不至于太尴尬,又能起到深刻的教育作用。这就是卡耐基先生的高明之处。

不管是在生活还是在工作中,当别人犯了错误时,千万不要不分青红皂白就横加指责,也不要揪住别人犯错的小辫子不放。归根结底,是人都会犯错误,只要意识到错误,并且努力改正就行。过度地批评和指责,不给对方任何缓和的余地,只会在对方心里种下怨恨的种子,导致对方对你心生嫌隙。如果人人都有一颗宽容博大的心,生活就会变得更加美好,人与人之间的关系也会更加和谐友爱。

赞美式批评,给足对方面子

如果说给自己的话加一层甜甜的薄膜,从而使其穿上糖衣,起到麻痹敌人的效果,那么赞美式的批评则是明目张胆的胁迫。赞美式的批评,就是把批评蕴含在赞美之中,让赞美伴随着批评。这有点儿像人们平日里说的'打一巴掌,再给个甜枣吃'。形象地说,就是批评与赞美相配合,让人即使听出你批评的意思,却又因为无法拒绝你的赞美,只能任由你随心所欲地说个尽兴。

这个办法最神奇的地方在于,即使对方听出来你看似在赞

第五章 含蓄表达，曲径通幽话委婉

美，实则是在批评，也无法与你翻脸成为敌人，只能含笑听你继续说下去。话已至此，不管他是否高兴，都只能佯装乐意地接受你的赞美式批评。即使心里窝火，也是有苦难言。

杨君是一名建筑设计师，事业心非常重。为了发展事业，她还和老公周凯约定好不要孩子，因为孩子不但会让他们分心，也会牵扯他们很多的精力和时间。因为爱杨君，周凯答应了她的要求。然而，周凯的父母盼孙子心切，已经私底下给周凯施加了很多次压力。周凯一个人顶住所有的压力，就是不和杨君说。无奈之下，老两口一合计，决定由老太太出面，和杨君谈一谈。

这个周末，杨君和周凯一起回公婆家吃饭。午饭过后，周凯陪着爸爸一起去蒸桑拿，家里只剩下杨君和婆婆。在此之前，婆婆非常小心地处理婆媳关系，总是担心因为自己的哪句话说不好，导致杨君生气。关于这场特殊的谈话，婆婆早已打定主意，要采取赞美式批评的方式进行，让杨君没法挑她的不是。婆婆洗了一盘樱桃，端给杨君，说："君啊，你最近工作忙不忙？身体吃得消吗？"杨君点点头，说："我可以的，妈。我就是想趁着年轻好好工作，拥有自己的事业。我做的是自己喜欢的事情，所以不觉得累。"婆婆又说："你这个孩子，就是要强。你看你累得，都瘦了。你知道吗，自从周凯和你认识，第一次带你回家开始，我和你爸爸就把你当亲闺女看待。当然，你也的确是个很好的儿媳妇。你孝敬我们，从来都很舍得给我和你爸爸花钱，给我们买东西都是买最好的。就像上次你爸爸生病住院，你更是白天上班，晚上照顾。你不知道，当时病房里的人都以为你是我们的闺女呢！要说我和你爸对你，那可真是满意。不过，我和你爸年纪越来越大了，人老了，就想有个孙子。你爸常说啊，哪天等到杨君给我们生个孙子，那我们死也闭眼喽！"

婆婆的一番话，让杨君刚开始听的时候满心欢喜，听到最后，她才意识到婆婆又是老生常谈，在催促她生孩子呢。不过，婆婆把她夸得跟朵花儿似的，她也不好表现出什么，只得一直笑着听婆婆把话说完，还得含糊其词地点头搪塞。

在诸多的人际关系中，婆媳关系是最难相处的，在世界范围内都是难题。这个事例中，婆婆因为担心儿媳妇生气，非常明智地选择了赞美式的批评。先是从各个方面不吝赞美之词地表扬和夸奖杨君，最后才说要是能给他们生个孙子就更好了。如此隐晦地批评，听起来就是情真意切的请求，杨君又怎么可能因此埋怨婆婆或者对婆婆有意见呢。即使她心里不想生孩子，也只能含笑听完婆婆的话，并且含糊其词地先搪塞婆婆。这样一来，婆媳之间丝毫没伤和气，婆婆也把自己的心里话都说了出来。

生活中，我们常常处于左右为难的境地。有些话憋在心里不说出来，自己觉得憋屈，说出来呢，又害怕别人生气。在这种情况下，倘若能够采取赞美式的批评，则既说出心里话，又给足对方面子，让对方即使不认同我们的看法，也必须保持礼貌耐心听完。如此一来，我们的心愿岂不是达成了。这，才是聪明人的做法。

言简意赅，把话说到点子上

在生活中，不少人做事做得十分漂亮，然而，让他们把自己的想法说一说，却总是说不清楚，或是词不达意，或是泛泛而谈。他一个人说得滔滔不绝、口若悬河，但是，对方却面面相觑、不知所云，这就是说话没有逻辑性和针对性。在日常交际中，我们说话要有逻辑性和针对性，做到一针见血、言简意赅，这样对方才能明白你到底说的是什么，也才不至于在你的话语中找到漏洞。古人语："山不在高，有仙则名；水不在深，有龙则灵。"说话也是如此，话不在多，但一定要有逻辑性、有针对性。在现代如此高速的生活节奏下，没有人愿意花太多的时间来听你的长篇大论，所以，我们在说话的时候，不要绕圈子，不要南辕北辙，而是把话说到点子上，有话则说，长话短说，无话不说，这样才能准确地传达自己的意见，使沟通顺畅地进行。

吴先生是广州某地区有名的房地产大亨，资产逾十亿。有一年他带着自己的团队从广州飞往某大城市，准备投资当地的房地产，从而需要寻找合作伙伴。

在经过一段时间的筛选后，吴先生约了一大型房地产公司的负责人进行谈判。当双方坐在了谈判桌前，那位负责人立即对自己公司进行了较为详细的介绍，表现得精明能干，并且通晓市场行情，这令吴先生颇为欣赏。听了那位负责人对合作以后的宏伟计划后，吴先生似乎已经看到合作的光辉前景。吴先生正准备签约的时候，那位负责人似乎还言犹未尽，他又颇为自豪地侃侃而谈："我们房地产公司拥有1000多名职工，去年共创利税500多万元，实力绝对算是雄厚的……"

听到这里，吴先生显得有点不悦，心想：你公司1000多人才赚了几百万，就显得那么自豪和满意。这令吴先生感到非常失望，离自己预期的利润目标差距太大了。如果选择这样的合伙人经营公司的话，就很难有较高的经济效益和利益。于是，吴先生当即决定终止合作谈判。

如果那位负责人不说最后那句沾沾自喜的话，这次谈判也许就会以另一种结局告终。那位负责人最后几句不着边际、缺乏逻辑性和针对性、画蛇添足的话，不仅让自身的缺点暴露无疑，而且令吴先生失去了合作的信心，最终撤回投资意向。

仅仅因为几句话就失掉了一次大好的合作机会，实在是得不偿失。

在日常生活中，我们经常可以看到，有的人总是喋喋不休、滔滔不绝地高谈阔论，但由于其语言缺乏逻辑性和针对性，没有把话说到点子上，所以显得词不达意、语无伦次，让旁边的人听而生厌；还有的人说话毫无逻辑，一会儿说在这里，一会儿说到那里，说什么话都不会经过仔细思考，显得很没分寸。其实，这样的说话都会事倍功半，不仅达不到沟通的目的，反而会给沟通带来阻碍。

那么，如何使自己的语言具有逻辑性和针对性呢？

1. 说话要在理

一句话听上去是否有理，就看这句话是否有逻辑性，一般而言，那些有逻辑性的话语大多能清楚地表达一定的意见。而语言是否有逻辑性，就在于我们能不能清楚地将意思表达出来。因此，说话要有理，利用语言准确、清楚地表达自己的思想，这样，我们思维的逻辑性也将得到提高。

2. 说话要有中心点

在生活中，我们经常听到一些领导人在说话的时候，会采用"一""二""三"，其实，这样分点叙述只是说话逻辑性的一个表象，并不能完全代表这个人说话有逻辑性。说话有逻辑，是表明你说话有一个中心，你所说的其他话都是围绕这个中心的，没有其他的枝叶。所以，说话之前应该把自己要说什

么，先说什么后说什么，重点说什么，都要在脑子里快速地整理好。这样，时间长了，你说话就会观点清晰、富有逻辑性。

3. 把话说到点子上

说话有针对性，也就是要将话说到点子上。在语言交际中，为了建立良好的交际关系，为了打动对方，话不在说得多，而在说到点子上。因此，我们在开口之前，应该让自己的舌头在嘴里转个几圈，把那些多余的废话转掉，说一些简单明了的话。做到一开口就往点子上说，千万不要东拉西扯，让对方不知所云。

第六章 巧言说服,令人心服口服

可以说,人的一生就是说服别人和被别人说服的过程。如果我们具备强大的说服力,就可以影响他人达成目标。说服对方并非是忽悠对方,而是我们要通过说服技巧,有理有据、巧妙得体地让人心服口服。

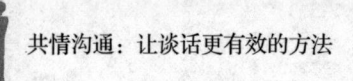

认同效应，使对方心服口服

在口才技巧中，"认同"被认为是双方相互理解最有效的方法之一，也是说服他人的最有效的方法之一。"认同"就是人们在自己的说服对象身上寻找双方的共同点，如共同的职业、共同的信仰、共同喜欢的电视节目等。如果我们能够通过共同点抓住对方的心，在此基础上结合听、问、辨等技巧，必能使他人心服口服。

一天晚上，老王正在房间里睡觉，突然从外面窗台上跳进来一个年轻人，几步就冲到他床边，用一把明晃晃的匕首抵着他的脖子，对着他厉声叫道："不许动，把你的钱都拿出来！"

老王吓得肝胆俱裂，连连称是，但却怎么也起不来床，那盗贼更凶狠地瞪着他："还不把钱拿出来，真要我捅你一刀才拿吗！"老王哭丧着脸哀求道："我有非常严重的风湿病，手脚疼痛难忍，你这一来，我一害怕，就更使不上力气了……"

那年轻人一听，口气马上就变了："哎，我爸爸也是风湿病，不过他还没到起不来床的地步，你这病有多长时间了，平时都吃什么药啊？"

第六章 巧言说服，令人心服口服

老王哆哆嗦嗦地回答了他的问题，从水杨酸钠到各类激素药都说了一遍，那年轻人听了连连摇头："水杨酸钠不是好药，那是医生用来骗钱的药，吃了它不见好也不见坏，我给我爸买了别的药，比这个管用多了。"两人热烈地讨论起来，特别对一些骗钱的药物的看法相当一致。两人越谈越热乎，年轻人已经在不知不觉中坐在床上了。老王看着那年轻人说道："小伙子，你看今天咱们这个缘分真是巧，不如你帮我把旁边酒柜里的酒拿出来，咱们爷俩喝点，庆祝一下。"

那小伙子说："不如你去我家喝，我爸爸正好也犯酒瘾呢！"

老王苦着脸说："好是好，可是我手臂太疼了，穿不上外套。"

小伙子说："我可以帮忙。"他帮老王穿戴整齐，扶着老王出了门。老王不忘笑着打趣他："小伙子，我家你认识了，下次我要是犯风湿病开不了门，你就还从阳台翻进来吧。"

一番话说得那小伙子十分不好意思。

短短的时间里，老王竟然跟入室抢劫犯成为朋友，这缘分无疑是因为"风湿病"这个纽带才连接起来的。我们要使初次见面的人与你接近，最好的方法就是找出两人的共同点，即使是很小的共同点也无所谓，当双方的共同点越来越多时，距离也会越来越近。这样一来，就好说服多了。

隔壁新搬来一对夫妻，小雨作为社区志愿者，主动去拜访他们，想请他们为残疾儿童募捐，但这对夫妻正因水管漏水问题发愁呢。小雨敲开隔壁家的门，看见女主人正一脸不善地看着她，她忙介绍了下自己，说："听说你们刚搬过来，我代表社区志愿者想认识你们，正赶上你们家的水管漏水了，让我看看能不能帮上忙。"对方的态度明显变得缓和了些，脸上也有了些笑容。小雨主动帮这对夫妻联系物业，跑前跑后地帮他们处理水管漏水问题，最后终于修好了水管，那对夫妻已经将小雨当成自己的好朋友。在如此融洽的感情衬托下，小雨委婉地提出了自己的来意，对方一口答应，并大方地捐了几百元。

在说服的一开始就寻找双方的共同点，这有利于加强彼此的感情。这种共同点越多，双方的感情也越显得密不可分，即使对方是很顽固的人，也会很容易被说服。小雨与那对夫妻同住在一个小区，这就是一个最明显的共同点，她利用这一点帮助他们解决困难，这样就显示了对别人感情的尊重。在这个基础上，再委婉地提出募捐的要求，就让人难以推却。

有时候，当我们无法说服对方，始终与对方处于对峙情况时，不妨以"其实我和你一样，也一直在考虑这件事"作为突破口，展开话题。

人与人总是有共同点的，这需要我们去挖掘，当你在谈话过程中发现双方的一个共同点时，必须继续找出更多的共同点。你要不断地反复强调彼此之间的共同点，让对方产生"他的想法和我一样"这种认同意识，这样，就可以促使对方认为"对面那个人和自己是同伙"。这对你的说服工作会更有帮助。

如果你去寻找的话，双方之间一定会存在一些共同之处。即使你一时没有找到有说服力的共同点，你也可以试试下面这种说法："我们之间至少有一个共同点，那就是我们双方都有解决这个问题的热忱。既然如此，我们不妨继续努力，一定可以找出其他共同点。"由于你一再强调共同点，对方自然而然地就会慢慢地开启他的心扉。

有效的说服技巧，让人际关系更融洽

我们都知道，在人际交往过程中，良好的当众表达能力往往能够使人际关系变得融洽。而在表达的过程中，也就不可避免地会遇到双方观点不同的情境，如果处理不好，往往会给人际关系造成直接或间接的伤害，因此说服技巧和处世应变能力就成了维系人际关系的重要因素。我们总结了在日常生活中可能会运用到的说服技巧，它们将会帮助你消除尴尬，避免人际交往过程中因观点不一所造成的麻烦。

某企业要生产一种新型产品，对各个配件的规格要求十分精确，然而当工厂将零件的半成品交工时，竟被发现尺寸全不符合要求。由于生产工期很紧，总经理只得要求工厂尽快重新制造。但工厂负责人认为他们是完全按照企业的规格制造的，不想再重新制造，双方僵持了许久。总经理见局面如此，便对工厂负责人说："我想这件事完全是由于我们企业设计不周所致，而且令你吃了亏，实在抱歉。今天幸好是由于你们帮忙，才让我们发现竟然有这样的缺点。只是事到如今，事情总是要解决的，你们不妨将它制造得更完美一点，这样对你我双方都是有好处的。"工厂负责人听后，很快就同意重新制作零件。

其实说服在很大程度上，是对对方感情的征服，当人们运用情感这一说服技巧时，就能做到推心置腹、动之以情，讲明利害关系，使对方觉得你们是在公正地交换各自的看法，而不是抱有任何个人的目的。这种技巧常常具有极强的说服力，要做到这一点，"知己知彼"十分重要，唯先知彼，方能从对方立场上考虑问题。

有一位中学老师接管了一个差班班主任工作，正好赶上学校安排各班级学生参加平整操场的劳动活动。这个班的学生都

第六章　巧言说服，令人心服口服

躲在荫凉处，谁也不肯干活，老师怎么说都不起作用。

如果你是这个班的班主任，你要怎么说服这些学生出来劳动呢？

老师问学生："我知道你们并不是怕干活，而是都很怕热吧？"学生谁也不愿说自己懒惰，便七嘴八舌说确实是因为天气太热了。老师说："既然是这样，我们就等太阳下山再干活，现在我们可以痛痛快快地先玩一玩。"学生一听就高兴了。老师为了使气氛更热烈一些，还买了几十根雪糕让大家解暑。在说说笑笑的玩乐中，学生接受了老师的说服，不等太阳落山就开始愉快地劳动了。

当老师和学生在彼此观点存在分歧的时候，老师曾试图通过说服来解决问题，结果却发现遇到了前所未有的困难。

其实，导致说服不能生效的原因并不是老师没把道理讲清楚，而是老师和同学固执地踞守在各自的立场之上，不替对方着想。如果换个位置，把"不想劳动"换成"天气太热，凉快些再劳动"，同学们就不会拒绝老师的提议了，老师的说服工作也就取得了成功。

如何去说服对方是我们日常生活中经常遇到的问题。那么，到底怎样才能巧妙地说服对方呢？以下是一些简单实用的说服技巧，掌握这些技巧你会发现说服别人不仅是一种挑战，而且是一种快乐。

1. 利用情感说服

一般情况下，平庸的说服者总是开门见山提出要求，结果往往是与他人发生争执，谁也说服不了谁；而优秀的说服者则会先与对方建立一种感情，这种感情可能是相互之间的信任、同情，也可能是源于对某一事件的相同看法。这样，当遇到说服瓶颈时，你可以这样说："我很理解你，要是我，我也会这样做。"这样就显示了我们对别人感情的尊重，别人就会对你产生好感，我们说服的话才能继续进行下去。

2. 利用熟悉的场所说服

就像体育运动中的"主场优势"一样，说服也会因场所的不同而取得不同效果，心理学家证明，一个人在自己家里或自己熟悉的环境中比在陌生的环境中更有说服力。所以，要想成功说服对方，我们就应该多多利用我们熟悉的场所，如自己的家、自己的办公室，当这些条件不能满足时，我们要尽量选择中性环境，这样对方也没有"主场优势"，双方可以在相对平等的环境中交谈。

3. 利用具体的事例说服

我们在看广告时，是详细介绍产品功能、用法的广告吸引你，还是介绍某人使用产品后的成效更能刺激你的购买欲？优秀的说服者都清楚，在日常生活中，你要说服别人，就要旁征博引，多使用具体的例子，这比一味地说教要管用得多。

4.利用先扬后抑说服

如何来说服对方，让对方听从自己的观点，在社会交往中，这是很不容易的事情。有些固执己见的人很难听进别人的话，更别提要他改变主意了。那么，在这样的情况下，我们该怎么来说服对方呢？你不妨试试先扬后抑的方法，就是当我们要说服对方时，可以先承认对方的观点"正确"，然后以对方的理论推导出荒谬的结论，再逐一反驳对方的观点，最后得出正确合理的结论。

5.用事实说服

俗话说："事实胜于雄辩。"当我们以情、以理都不能说服对方时，不妨用事实来说服对方，这样对方的任何反对理由都是站不住脚的。列宁曾说："如果从事实的全部总和，从历史的联系去掌握事实，那么，事实不仅是'胜于雄辩的东西'，而且是证据确凿的东西。"因此，用事实说服也是一种简单实用的说服技巧。另外，在我们想要说服别人的过程中，如果你自己没有把握说服别人，不妨搬出权威来，让对方向真理低头，这也是一个好办法。

这些说服别人的技巧每天都会在不同的时间、不同的地点上演，有些人因为掌握其中的精髓而使自己的人脉网络得到应有的保护和拓展，另一些人则因为某个细节处理不当而失去潜在的人脉资源。你最终会成为哪一种人呢？

步步为营，循序渐进地说服对方

俗话说：心急吃不了热豆腐。说服他人要有耐心，要学会步步为营，循序渐进，切忌快刀斩乱麻。毕竟，任何事情都不可能一蹴而就，说服也是如此，因为被说服人的思维惯性和既成偏见是相当顽固的。面对这种情况，如果我们急于求成，只能让对方对你产生反感情绪，说服自然也就不可能达到良好的效果。

有一个心理学家，很善于帮助女性走出失恋的痛苦。有一次来了一位女性，一进门就哭闹着说自己被男友抛弃了，并在心理学家面前大发牢骚，好像就是心理学家让她失恋了一样。但心理学家却表现得很坦然，他在与这位女性聊天的时候，先是聊些大众化的问题，慢慢地解除对方的陌生心理。大约20分钟后，这位女性把自己因何而失恋的故事告诉了心理学家，心理学家对症下药，很快让这位女性脸上出现了笑容。

现实生活中，成功地说服别人并不是一件轻而易举的事，一个人一旦坚持一种看法或观点，就会形成相当顽固的思维惯性。因此，当我们在进行说服时不可心急，要学会用循序渐进的技巧，来逐步说服对方。

对此，要注意以下几点。

第一，说服他人，要先从对方情感的角度出发，采用由小到大的幅度，招招紧跟的说服方法，一步一步具体而又细致地为对方剖析情势、出谋划策，这就逐渐地把双方的心理距离拉近了。

第二，遇到十分固执的对象，可以采用以迂为直的策略，先聊一些与实质性问题较远的其他话题，再由远及近一步步切入实质性问题。这种方法的好处是能逐渐拉近双方心理的距离，层层铺垫、步步深入地引导对方。

第三，如果说服别人的时候，一开口就触及核心部分，势必会给对方带来不必要的压力，自然对方不会轻易接受你的说服。

当然，再好的说服方式也需要适当的时间和场合，孟子就说过："天时、地利、人和乃作战取胜之道。"要选择有利于说服的环境，再配合适合的说服方式，才可收到预期的说服效果。否则很可能事倍功半，甚至事与愿违。

尊重个体差异，理解对方的想法

生活中，总有些时候让我们情不自禁地想要改变他人，说服也是这种情况之一。所不同的是，有些改变是强迫他人，有些改变则是让人心甘情愿。成功的说服，就是要让别人心甘情愿地想改变，而不是被强迫。每个人都有属于自己的性格和思想，每个人的生活方式和兴趣爱好也不尽相同。这个世界之所以缤纷多彩，就是因为每个独特的个体大放异彩。就像丑和美一样，如果世界上的每个女人都长得像范冰冰，每个男人都长得像黄晓明，那么也就无所谓美和帅。同样的道理，如果每个个体都一样的循规蹈矩、整齐划一，那么世界就会变得索然无味。所以，我们要尊重每一个个体。任何时候，我们都不应该强迫他人。

通常，人们在说服中最常犯的错误，是先设想无数个理由，目的只有一个，即驳斥对方。再以专家或者权威人士的口吻，不顾及对方的感受，一味地批评和指责对方，并且颐指气使地教导对方。最后，他们居然还强迫对方一定要改正自己的错误思想，接受他们的正确建议。如此一来，只怕大多数人都会产生逆反心理，根本不愿意与之交谈。聪明的人在说服他人时，首先会认可对方的观点，然后根据实际情况做出分析，与之探讨用哪种方式能够更高效合理地解决问题。这样的方式，容易与对方产生心灵之间的交流，改变也就是自然而然发生的。

秋秋是个非常强势的姐姐，不管做什么事情，都恨不得代替妹妹思雅做出决定。思雅高考时，已经工作的秋秋从千里之外打来电话，强烈要求思雅考到她所在的城市。当时，思雅年纪比较小，从未出过远门，想到上大学有姐姐照顾，就顺从了。后来，思雅大学毕业之后开始工作，第一次谈恋爱，就因

第六章 巧言说服，令人心服口服

为秋秋的反对而宣告结束。原来，单纯的思雅找了一个和自己一样的外地男孩，想要一起奋斗。秋秋却说："你们俩都一穷二白，将来怎么过日子啊！你必须找个本地的，这样以后才好有个照应，房子也是现成的。"遗憾的是，思雅虽然性格软弱，但是在爱情方面却坚定不移。她没有听秋秋的话，继续与男友交往。无奈之下，秋秋只好把爸妈从老家接来，一家人想尽办法拆散了思雅和男友。

后来，秋秋给思雅介绍了一个男朋友。这个男孩不论是相貌人品还是工作能力，都远不及思雅的初恋男友。秋秋的理由非常充分："小张是本地人，父母都有稳定的工作，家里有两套房子。你结婚以后不用自己奋斗买房，也不用和公婆挤在一起住。你俩挣多挣少，都会生活得很惬意。"在秋秋的影响下，父母也极力劝说思雅接受这个男孩。最终，思雅同意了。然而，她一点儿也没有初恋的幸福甜蜜。

结婚之后，思雅才发现这个男孩好吃懒做，仗着是本地人，从来不发愤图强，只想着啃老。而且，这个男孩根本就瞧不起外地人，他的父母也和他一样，根本不尊重思雅。结婚一年多之后，思雅就不堪忍受，选择了离婚。看着如今孑然一身的思雅，秋秋不由得深深懊悔起来。她说："哎，早知道当初我不反对你就好了。也许，你们现在正过着清贫却幸福的小日子。"

秋秋因为强势，也因为自以为是，一直在干涉思雅的事情。然而，她却不知道感情的事情关乎人一生的幸福，作为外人，最好不要强迫当事人做出选择。她的错误就在于，把自己认为好的给了妹妹，却贻误了妹妹一生的幸福。说服他人就是如此，大多数承担说服工作的人都不是当事人，正因为如此，他们无法真正了解当事人的感受，因而始终是在以局外人的身份进行说服工作。然而，偏偏很多说服者又入戏太深，情不自禁地就站在自己的角度代替当事人做出判断和选择，最终导致好心办坏事。

无论什么时候，说服都要以理动人，以情感人。但是，也要记住不能代替他人做出判断、选择和决定。只有合理而又中肯的建议，才能给予他人最好的帮助。否则，强迫他人接受的后果，一定是错误。即使是父母对待自己的孩子，也不能因为生养了孩子，就不尊重孩子的想法。要记住，每个生命都是独立的个体，都有权利选择和决定自己的生活。

感同身受，顾及他人的感受

每当一件事情发生时，如果你不是当事人，即使你再怎么设身处地，也无法真正理解当事人的感受，对其感同身受。也正是因为如此，一个人在看事情和处理问题时，总是理所当然地从自身的角度出发，丝毫不顾及他人的感受。日久天长，人们之间的误解也必然越来越深，导致产生隔阂。要想避免这种情况的发生，有一个很好的办法值得借鉴，即角色互换。角色互换分为两种：一是真正形式上的角色互换，二是心理意义上的角色互换。通常，第二种方式使用范围更广阔，使用频率更高。归根结底，生活不是过家家，很多角色并不能像在游戏的世界里一样互相调换。

当事双方不能彼此理解和体谅时，我们就可以使用角色互换的方法，帮助他们彼此之间加强了解。形式上的角色互换当然很好理解，但是心理上的角色互换则要求我们有同理心。同理心，就是理解和体会他人的想法，感受他人的立场和情绪，并且从他人的角度出发，思考和解决问题。通常情况下，感情细腻的人更容易培养自己的同理心，因为他们能够更加深刻地体察他人的情绪，对他人感同身受。只要做到角色互换，人们相互间的误解就会大大减弱，冲突也会越来越少。

月华一个人在美国留学，为了贴补开支，学习之余便去一家快餐店打工。有一天中午，恰逢周末，人很多。也许是因为着急吧，月华居然把一包糖当作咖啡伴侣给了顾客。顾客是一位中年女士，有些肥胖，对此非常生气。她质疑月华："你是不是故意的，难道你不知道我正在减肥吗？你这个错误简直不可原谅。"很快，餐厅主管闻讯赶来。月华委屈极了，她想：

这只是一包糖,又不是毒药,至于这么歇斯底里吗?!那个时候,月华刚去美国不久,根本不知道美国人把减肥当成头等大事来抓,一切阻碍减肥的事情都是天大的事情。看着眼泪在眼睛里打转的月华,餐厅主管拍拍她的肩膀,小声说:"如果我是你,我不会和她争辩。我会立刻向她道歉,并且不收取她的餐费。"月华压抑着心里的委屈,照着主管的话做了。果然,那个女顾客很快就不再嚷嚷了。原本,月华以为主管会在此事平息之后辞退自己,因而做好了最坏的打算。不想,直到下班的时候,主管才过来漫不经心地对月华说:"如果我是你,我就利用下班时间熟悉这些调味料的位置,这样以后就不会再犯同样的错误了。"

一天之中两次听到这句"如果我是你",月华感动不已。她想,主管一定是想了无数遍"如果我是你",才这么宽容地理解她、体谅她、包容她。后来,月华大学毕业,进入美国社会开始工作,也曾经遭受过很多误解和委屈,但是她始终都对自己说"如果我是你"。正是这样的换位思考,帮助月华度过了人生中最难熬的阶段,也使她顺利成长为一名职业女性。

同样是指导他人怎么做,"如果我是你",显然是站在对方角度考虑问题,进行换位思考,让人很容易就能接受这种充满善良、理解和体贴的建议。这比颐指气使地告诉他人怎么做,或者声色俱厉地指责他人,效果好了不知多少倍。"如果我是你",瞬间拉近人们之间的心理距离,让原本处于微妙对立之中的人,变成同一个战壕的朋友。人们常说,人同此心,心同此理。这样的同理心,带给人们的是美好的感受,是心甘情愿的改变,是真正的换位思考。

常常有些销售人员,在催促客户达成交易时急功近利,让客户产生警惕心理,导致原本谈好的事情全盘被推翻。这些销售人员虽然表现非常好,也特别努力,但是在工作上却始终没有很好的业绩。究其原因,就是他们缺乏换位思考的精神,一味地从自己的角度出发追求利益。作为销售人员,倘若能够换位思考,从客户的角度出发考虑问题,推荐符合客户需要的产品,那么工作效率一定会成倍增长,也会因此与客户成为很好的朋友。要知道,当你足够真诚,对方是一定能够感觉到的。

尤其是职场中人,同事之间往往处于利益的对立面。一味地因为利益而争执,往往只会使事情更加糟糕。倘若能够运用换位思考的方式,更好地理解和体谅对方,甚至主动做出让步,那么对方也会因为互惠心理做出相应的让步。正所谓退一步海阔天空,各退一步的结局自然更加完满。既然如此,我们为何不能做到心胸开阔、成人之美呢!要知道,在你成人之美的同时,你也有了更多的机会改变命运、创造人生!

少费口舌，运用从众心理说服他人

从众心理是一种心理学现象，指的是个人在外界人群行为的影响下，忽视自己独特的感受、知觉和判断，最终做出符合大众趋势的选择。曾经，心理学家对从众心理展开试验，结果证实在从众心理面前，只有极少数人能够保持特立独行，而大多数人都做出了不同程度的从众行为。这样一来，必然导致个体的独立性被湮灭，从而失去自己的思想和主见，变得圆滑世故。当然，从众心理并非只有坏的影响，如果把从众心理用来说服他人，也许可以使说服工作事半功倍。其实，浅白地说，从众心理就是人们日常生活中所说的"随大流"。细心的人会发现，生活中"随大流"的行为表现非常明显。诸如，走在大街上，如果有人发现前方簇拥着一群人在排队买东西，那么这个人往往也会停下脚步，加入排队的队伍中去。从某种意义上来说，这与人们潜意识的"少数服从多数"的想法不谋而合。大多数人都觉得，只要大家都去做的事情，大概都不会错。那么，如果运用这种心理说服他人，也会让我们少费口舌，使说服工作马到成功。

当然，每个人的性格都是不同的，这就决定了他们从众的程度也各不相同。通常情况下，女性比男性更容易选择从众行为；性格软弱的人比性格强硬的人更容易出现从众行为；没什么社会经验的人，往往会选择相信年长者或者是工作资历更丰富的人……不管是在生活、学习还是工作中，只要有人群的地方，都会发生从众行为。例如，在一场考试中，如果监考老师因为有事情离开了，而且没有短时间内回来的迹象，那么当大多数同学都打开书本照抄起来，那些少数遵守纪律的同学也会动摇，甚至也打开书本照抄。曾经有个电视节目，针对闯红灯现象进行调查拍摄。事实证明，在红绿灯路口，如果没有人闯红灯过马路，那么大家基本都能安分守己地等待。如果有一个人对红灯视若无睹，横穿马路，那么马上基本在场的所有人都会跟随在他的身后，也开始闯红灯过马路。即使有一两个坚持遵守交通规则的人，也会因为路口只剩下他自己在等待，而放弃原则，跟随大多数人身后闯红灯。这就是从众心理的巨大影响。实际上，留在原地等候的人尽管显得有些死脑筋，但他的行为却是正确的，完全没有必要跟随他们一起闯红灯。然而，他还是被从众心理征服，选择了随大流行为。反过来，如果我们把如此强大的从众心理的力量用于说服他人，效果一定让我们惊喜。

娜娜大学毕业后留在上海工作，每次回家都会给家人带礼物。这次，娜娜给妈妈买了一件漂亮的红呢子大衣，作为春节的礼物。妈妈看到那鲜艳的中国红，不好意思地说："这个太红了吧，我怎么好意思穿呢！"说完，妈妈就把衣服收进了衣柜，一次也没有穿。眼看着明天就是大年初一了，娜娜特别想让操劳了半辈子的妈妈，穿着这件漂亮的大衣走亲戚。

这天晚上，娜娜对妈妈说："妈妈，我跟你说，上海那些老太太今年特别流行穿红色。你知道吗，我回家的路上遇到一个老太太，人家都70多岁了，满头银发，配上红色的大衣，简直风度翩翩，漂亮极了。你看看，你只不过才50多岁，怎么就不好意思穿红色的呢！你没发现吗，现在是年纪越大的人越爱穿鲜艳的颜色，年轻的人反而穿素色呢！明天，我就穿着黑色的毛呢大衣，你呢，就穿这件红色的，别人一定说咱们俩是姐妹花！"在娜娜的鼓动下，妈妈也跃跃欲试，她说："其实，我真的挺喜欢穿红色的。我上次去上海看你，那些老人的确爱穿红。要不，我穿上试试？我就怕人家说我。"娜娜笑着说："人家说你，也是嫉妒你。说不定，他们想穿还找不到地方买呢！我这可是给你买的最新款啊！"

第二天，妈妈果然穿上了那件红色的大衣，就像新年一样喜庆。她的那些好姐妹，看到之后纷纷惊呼好看，都羡慕不已呢！

在说服妈妈穿上红色大衣的过程中，娜娜显然运用了从众效应。娜娜知道，妈妈是很爱时尚的，也很欣赏上海的老太太们大胆穿衣打扮的风格。因此，当听到娜娜说上海的老太太都穿红色大衣时，妈妈不由得怦然心动。当然，她随的是上海老太太们的大流，却变成了家里这些姐妹时尚的先驱，这样的感觉当然不错。看着打扮得焕然一新、充满喜庆的妈妈，娜娜的心里也乐开了花。

在现代职场中，各种心理战术层出不穷。倘若能够在谈判中巧妙运用从众心理，就能控制对手心理于无形，为自己争取更多的胜算。这样一来，就能占据谈判的先机，让自己旗开得胜，在工作中拥有出色的表现。总而言之，说服他人是需要技巧的，一味地蛮干往往不能使人心服口服。只有让对方从心理上产生转变，我们的说服工作才能获得根本性的成功。

第七章 善用赞美,好言好语让你事半功倍

赞美他人简单吗?其实也没有想象中那么难,只是也不容易。赞美并没有我们想象的那么简单,并不是说几句好听的话就是赞美了。赞美的话说得不恰当,说出来的效果也不会太好,所以我们一定要学会有水平地不动声色地有质量地去赞美他人。

善于发现美的眼睛,你会更受欢迎

常言道:"良言一句三冬暖,恶语伤人六月寒。"作为人与人之间沟通的媒介,语言在人际交往中起着巨大的作用。有的时候,我们一句无心的话就会伤害他人脆弱的心灵;也有的时候,我们一句无心的赞美,就会让他人扬起自信的风帆,勇敢地面对生活。总而言之,赞美不但是人际交往的法宝,也是一种非常伟大的语言艺术。当然,赞美虽然拥有神奇的魔力,但是我们在使用过程中既不能泛滥,也不能虚伪。真正的赞美,和低俗的曲意逢迎不同。赞美,是发自内心的赏识,是真诚友善的表达,是没有任何功利目的的真情流露。曲意逢迎则不同,它往往带着目的性,赞美的人也并非出于真心。正因为如此,曲意逢迎总是不能够真正发现他人的美和优点,只是随便找个借口阿谀奉承而已。赞美呢,一定是有明确的针对性。当一个人发自内心地赞美他人或者事物,必定发现了其值得赞美的地方。这样善于发现美的眼睛,必将让我们拥有更多的朋友,也受到更多人的欢迎。

不管是在生活中还是在职场上,赞美应该始终伴随着我们。正如一位名人所说的,生活中并不缺少美,只是缺少发现美的眼睛。当我们拥有一双善于发现美的眼睛,对他人、对事物都能怀着一颗赏识的心,我们就会发现生活中有很多值得我们赞美的地方。很多人都为人际关系而苦恼,殊不知,赞美是人际关系的法宝。前文我们就曾说过,没有人会拒绝赞美,尤其是恰到好处的赞美。由此可见,当我们慷慨地赞美他人,并且找到他人真正独特和突出之处,给予其恰合时宜的赞美,我们一定会拥有好人缘。尤其是职场中人,同事之间的关系非常微妙,倘若我们能够真心地赞美同事,那么即使再难以相处的同事,也会给予我们最基本的尊重和礼貌。很多情况下,恰到好处的赞美还能帮助我们实现心愿、事半功倍呢!

自从年会之后,小米的事业可谓节节高升。这是为什么呢?小米对此心知肚明。

每年一度的年会,是小米这样的基层员工能够与中高层领导平等、轻松相处的唯一机会。因为公司的年会是以酒会的形式开展的,所有同事在这一天并没有职位的高低之分,可以端着酒杯四处随意畅谈。即便如此,日常工作中形成的小圈子依然存在。当大多数普通员工依然乖乖地与同级别的同事聊天时,小米早就策划着要和公司唯一的美女高管套套近乎。不过,美女高管一直被众人簇拥,小米很难有机会接近她。小米一直在等待,直到看到美女高管去了洗漱间补妆,小米赶紧去制造偶然邂逅的机会。

"您好啊,那总。您今晚真漂亮,就像是一颗璀璨的明珠。"小米和那总并排站在镜子前，不由得夸赞那总。不想，那总似乎已经习惯这样的阿谀奉承，只是对小米轻轻地点了点头，就不再看小米了。小米有些尴尬，这时，她突然看到那总脖子上戴着的项链，于是说道："那总，您这条项链真别致。看起来古色古香的，非常拙朴。我想，它一定是有故事的。"听到小米的话，那总不由得抬起头来，认真地看着小米。那总笑着说："你可真有眼光。这条项链并不名贵，是我从巴黎的一家二手店淘来的。当时，我和你的感觉一样，古色古香，非常拙朴，因此一眼就爱上它了。直到现在，它依然是我最喜欢的项链。"小米真诚地说："那总，您真是太有眼光了，这比名贵的珠宝更难得。"那总问："对了，你叫什么名字，是哪个部门的？"小米进行了简单的自我介绍之后，说："那总，我可以加您的微信吗？我想，我要学习您高雅的品位。"那总很高兴地和小米互相加了微信。后来，小米时不时地关注那总的朋友圈，她们居然成了朋友。聪明人不用想也知道，小米为何步步高升了。

对于一个美女高管而言，她几乎被恭维包围了。因此，在听到小米的第一句赞美时，她丝毫不在意。幸好，小米马上发现了那总别致的项链，于是有针对性地赞美那总眼光独到、品位高雅，这样才让那总抬起头来关注她。这句恰到好处的赞美，让那总觉得小米与自己性情相投，因而对小米顿生好感。

第七章 善用赞美，好言好语让你事半功倍

就这样，小米在收获友谊的同时，也收获了事业的飞速进展。

赞美，一定不要空泛。尤其是对于那些经常接受赞美的人而言，庸俗的赞美根本不能使他们心生感动。只有用心地发现他人的独特之处，给予真诚的赞美，他人才能感觉到你的用心，自然也会对你青睐有加。

从对方兴趣着手，俘虏他的心

生活有的时候让人感到兴致盎然，有的时候又让人觉得索然无味。为了改善生活的乏味和无聊，每个人都有自己的兴趣爱好。这些兴趣爱好就像是生活的调味剂，在我们干腻一件事情之后，帮助我们重新找回生活的乐趣。例如，有些白领朋友工作日整天闷在写字楼里，到了周末，就会和驴友结伴去爬山，或者和好友一起去游泳、打球。当然，有些人比较好静，他们也许会选择和好友去茶馆坐坐，或者一个人去咖啡厅看书。这些，都是人们不同的兴趣爱好。所谓兴趣爱好，顾名思义，就是一个人喜欢做的事情，而且做这件事情能给他带来很多乐趣，让他从不觉得厌烦。其实，每个人都需要有兴趣爱好，这样才能在觉得生活枯燥时，依然有喜欢的事情可干。

既然兴趣爱好对每个人都这么重要，甚至兴趣爱好是否相投都被列为寻找人生伴侣的参考条件之一，那么在说服他人的

过程中，我们也可以利用兴趣爱好作为切入点，打开对方的心扉，走进对方的心里。这样一来，对方就不会那么心怀戒备，也更容易听进我们的观点，采纳我们的意见，从而使说服工作起到事半功倍的效果。曾经有位销售冠军说，他的销售秘诀就是说别人喜欢听的话。唯有如此，交谈的双方才会都有所收获。从某种意义上来说，这是投其所好的一种方式，是交谈的捷径之一，也是一种沟通的技巧。要知道，兴趣爱好并不受年龄、职位和权势的影响，和金钱、财富也没有太大的关系，纯粹是个人的喜爱而已。也许，一个几岁的孩子喜欢下象棋，甚至因此与一位80多岁的老翁结缘，成为莫逆之交。这就是兴趣相投的神奇魔力。当你在说服他人时，倘若能够做到从兴趣爱好着手，那么对方马上就会忘记你的身份、地位和社会角色，你们会沉浸在共同的兴趣之中。当产生共鸣之后，再说些你原本想说服他的事，对方当然会欣然接受。

凯瑞是一家公司的采购主管，主要负责为公司采购大宗商品。当得知凯瑞正在为公司采购电脑时，一位电脑推销员来到凯瑞的办公室。当然，凯瑞已经拒绝无数个推销员。面对这个推销员，凯瑞原本也是一副拒人以千里之外的样子。不想，这个推销员却像老朋友一样和凯瑞聊起了中国。原来，凯瑞是个中国通，尤其喜欢中国的风土人情和文化。这个推销员还带了中国的四大名著珍藏本送给凯瑞。整整两个小时的时间里，

第七章 善用赞美，好言好语让你事半功倍

他和凯瑞从西藏聊到云南，从上海的红烧肉聊到四川的红油抄手，从北京的烤鸭聊到南京的盐水鸭。原来，他知道凯瑞不但是个中国通，而且是中国美食的狂热爱好者。在凯瑞说得兴致勃勃时，推销员惊讶地说："凯瑞先生，如果你不是长着一张西方人的面孔，我一定以为你是土生土长的中国人呢！要知道，你对中国简直太了解了。我想，你一定比很多中国人更了解中国，也更爱中国。"听到这样的赞美，凯瑞简直高兴得合不拢嘴。最后，这个推销员说："凯瑞先生，虽然我们此前不认识，但是我们现在已经成为朋友。我要告诉你一个好消息，我的妻子是中国重庆人。我想，你一定想尝一尝她亲手制作的重庆火锅，你也会很乐意喝中国的青岛啤酒。怎么样，这个周末来我家吧！"说完，推销员留下家庭地址，就起身告辞了。

毫无疑问，凯瑞吃到了日思夜想的中国重庆的火锅，还喝到了最美味的中国青岛的啤酒。在他们大快朵颐、酣畅淋漓地喝啤酒期间，凯瑞简直忘记了这是一个推销员的家。他们一直在说中国，尤其是这家的女主人，简直是个中国的百科全书。就这样，周一上午，凯瑞主动打电话给推销员，让他带着合同来签约。

通常情况下，人们都愿意与和自己有共同兴趣爱好的人交往。这是因为，他们更容易在交往中找到相同的话题，也更容易引起共鸣。显而易见，这个推销员非常聪明，他知道凯瑞是

个中国迷,也是个中国通,因而为凯瑞准备了一份大礼,他邀请凯瑞去他家里做客,尝尝他的中国媳妇做的重庆火锅。这样一来,凯瑞无形中就与其亲近了许多。虽然推销员从头到尾都没有提起推销电脑的事情,但是凯瑞却主动邀请他签约,不得不说这是一次非常成功的推销。

在生活中,我们时常需要接近一个人,或者说服一个人。如果你足够了解对方,知道对方的兴趣爱好,与其费尽口舌劝说,不如从他的兴趣爱好着手,首先俘虏他的心。这样一来,说服也就是水到渠成的事情了。

具体而微的赞美,更有信赖度

曾国藩很善于赞美自己的下属,以此鼓舞他们的士气,并且他的赞美有理有据,没有一丝的言过其实。有一次,曾国藩把自己的下属全部召集在一起讨论下一步的作战方案,首先他发言说:"在座的各位都已经知道吧,洪秀全是从长江上游东下而占据江宁的,因此说江宁上游是洪秀全的气运所在。现在湖北、江西两地均为我收复,在江宁之上,仅存安徽一省没有收复,如果安徽被我收复,那么江宁则早晚必成孤城一座。"

此时,曾国藩手下一贯沉默寡言的李续宾从曾国藩的话中意识到曾国藩下一步的用兵重点,就试探着插话问道:

"涤帅（曾国藩）的意思，是要先攻打安徽？"

"对！"

曾国藩见李续宾猜出了自己的意图，以赏识的目光看了李续宾一眼接着说："迪庵（李续宾）说得好，看来你平时对此已有思考。为将者，拔营攻寨算路程等等尚在其次，重要的是胸有成竹、规划宏远，这才是大将之才。迪庵在这点上，比诸位要略胜一筹。"其他将领也点头称是。

曾国藩的赞美为什么那么成功？原因有二：一是抓住了李续宾的一句话就引出大将之才的许多道理，事实清楚，道理深刻；二是他善于把握时机，赞美得有理有据，没有言过其实。赞美的力量是无穷的，它能让人认识到自己存在的价值，能鼓舞人的斗志，能把人推向赞美的预期效果。赞美要有理有据，这样大家才能心服口服。"有据"就是要有事实依据，确凿无疑，谁也说不出个"不"字来。"有理"就是要求说话要有道理，无可挑剔。除此之外，在赞美别人时我们还要注意什么呢？

1. 赞美要实事求是

真正的赞美，是有理有据的。如果言过其实或者言不由衷，就可能会变成"拍马屁"，对方也会怀疑你的真实目的。例如我们对一位清洁工人这样赞美："您真是一位成功人士啊！你具有非凡的气质，您是一位伟大的人！"对方一定会认为我们精神有问题，因为这些话好像和他没有一点关系。只有

实事求是地去赞美他人，才能抓住对方的心，才能获得对方的好感，从而改善人际关系。

2. 当众赞美别人

18岁以后的我们长大成人了，在我们的生活圈子里面想要成为受欢迎的人，学会赞美是必不可少的，但在赞美别人的时候如何能让对方认可，让对方感到被重视，那就需要当众赞美别人。当你在众人面前赞美一个人的时候，对方就会像感受到特殊礼遇一样，心里美滋滋的，就像案例中曾国藩当众赞美李续宾一样，在座的其他人也会认可和羡慕他，这就是当众赞美的魅力。

3. 赞美别人要掌握好分寸

我们的生活是多彩的，赞美他人的形式也是多样的。但赞美他人还必须学会因人而异地掌握分寸，要注意讲话时的环境，还要观察别人的脸色。当你赞美别人时，别人发出会心的微笑或谦虚地说"哪里，你过奖了"等，你可以继续去赞美；而当别人对你的赞美没有任何反应的时候，你就要观察一下对方是不是有什么心事或遇到不高兴的事情。赞美也是因人、因事、需要环境的，所以在赞美别人的时候，一定要掌握好分寸。

4. 适当地加上肢体语言

选择恰当、得体、文雅、幽默的语言赞美他人固然很重要，但这样也只是传达了你所要表现的信息的一半。那么，另一半是什么呢？是你的表情、眼神和肢体形态，这些与你的语言必须同步。把自己的肢体语言作为一种礼貌的信息与自己的语言同时传达出去，就要求我们要学会并培养自己的风度，随时准备考虑和关注他人的兴趣，把大家共同关心的话题引入正轨。赞美是整套语言表达方式，不是单纯地靠嘴把赞美之词说出去，适当地加上肢体语言，会让别人更加能接受你的赞美。

发自内心，真情实意地赞美他人

童童就很善于用自己的赞美去帮助身边的朋友伙伴。在他的寝室里有一个性格比较孤僻、不善言谈的同学，被别的同学暗自称为"弱智"，同学们跟他说话的语气也都怪怪的。

自从童童担任宿舍长后，他决定改变这个被别人称为"弱智"的同学。有一次，在课外活动时，童童看到这个同学独自一人坐在操场上，他便走过去，用最贴心、最真心实意的语气同他说话："我发现你上课听讲挺认真的，而且反应并不比别人慢，我相信你肯定比我聪明，只要你努力学习，一定会考到班上的前几名。"

这个同学听了童童的话，若有所思地点点头。童童又诚挚地说："不如我们一起参加活动吧，一个人坐在这里也挺无聊

的，就当陪我吧。"说着就把他拉到同学们中间，与他一起参与同学们的活动和游戏，后来，同学们也都争着和他们做游戏了。慢慢地，他和同学们的关系变得融洽了，学习成绩也提高了，再也没有人说他"弱智"了。

多年后，那位曾经孤僻的同学已经成为深圳一家大公司的销售总监。在一次同学会上，他拉着童童的手说："当年你对我说话的语气改变了我的一生。"

赞美是一门艺术，是一门学问，赞美别人的时候要发自内心、真情实意，这时候对方会因为你的真情的赞美而改变。在日常交往中应从具体的事件入手，善于发现别人哪怕是微小的长处，并不失时机地予以赞美，赞美要发自内心，只有真情实意的话语，才不会给别人虚假和牵强的感觉。虽然人们都喜欢听赞美的话，但不是任何赞美都能让对方高兴。尤其在赞美别人时最要不得的就是虚情假意、表面恭维，如何才能真情实意地表达自己的赞美呢？要注意哪些呢？

1. 感情真挚地赞美

赞美是一种语言艺术，是怀着一种真诚待人的心态表现出的对生活的热爱和精神上的愉快，同时更是一种勇气，有助于你在现实生活和社会交往中获得成功。

赞美别人也要看具体的对象，如根据被赞美人的身份、年龄、关系、心境、环境、场合不同，所用的赞美语言也是不相同的。如果不关注这些基本的条件，让赞美的话找不着落脚的点，即使说得再好，也是起不到任何作用的。例如她确实是身材苗条，我们才可以说"身材好"；她确实眼睛长得美，我们才能说她"眼睛漂亮"；他确实个子高，人又长得英俊，我们才能说他是"又酷又帅"……

2. 赞美不宜太夸张

赞美是无处不在的，但在赞美别人的时候，不能太夸张。例如你的一个很好的朋友，他的口才非常好，你去称赞说："你的口才真棒，是我见过的口才最优秀的人。"很显然，这样的赞美不痛不痒，而且没有任何的事实依据，这不但不能取悦对方，还会引起对方的不满，这样的称赞无异于阿谀奉承。如果你能换个赞美的方式，或许会收到意想不到的结果。例如说："你说起话来既简洁又流畅，我真羡慕你啊，不像我说话总是啰啰唆唆、颠三倒四的。"假如你这样说，你的朋友就会因为你的赞美而更加欣赏你，这才是最得体的赞美。

3. 赞美不要太肉麻

赞美不是无原则的吹捧，也不是使人肉麻的讨好迎合，更不是借赞美之语去挖苦、嘲弄对方。当你在赞美别人时，尽量注意所用词语的度，能表达你的意思就完全可以了，说得过了，太露骨，容易引起别人的反感；也不适合用太多感性的词语，否则说出来的话很肉麻，难免让人不舒服，因为对方并没有那么好，你的赞美无疑是对对方的讥讽或挖苦。例如赞美一

个美丽可爱的女孩："你是美丽的女神，我为你而倾倒。"这样太肉麻的赞美会让人反感，还不如具体的赞美："你的眼睛清澈得像湖水，没有一丝尘埃……"这样的赞美会好得多。

赞美不能太笼统，需要有针对性

心理学家认为："人类本质中最殷切的需求是：渴望被肯定。"在生活中，被人赞美是一件令人喜悦的事情，恰如其分的赞美能使人感受到人际间的理解和温馨，能够打动他人，有效地增进赞美者与被赞美者之间的心灵交流。一个人若是学会赞美，往往使他受益无穷。在日常交际中，我们经常感受到赞美的魔力，不仅能打动他人，也使自己获得友情和帮助。人总是对自己最感兴趣，认为自己最重要，希望被人赞美。那么，在与他人的交往过程中，我们应该遵循一个原则：尊重他人，肯定他人，并真诚地赞美他人。不过，就赞美而言，也是需要一定的技巧的。我们对他人的赞美不能太笼统，而是需要有针对性。

在生活中，我们经常听到"你这个人真是太好了"，虽然，这听上去就是一句赞美的话语，但是，具体好在哪里呢？赞美者却没能说清楚，给人一种虚假赞美的感觉，不仅不能打动人心，反而令人生厌。因此，在赞美他人的同时，我们需要

第七章 善用赞美，好言好语让你事半功倍

有针对性地赞美。例如，对男人你可以夸他帅气，对漂亮的女人你可以赞美她的打扮有品味，对一个母亲你可以赞美她的孩子可爱，对上司你可以夸奖他的领导力很强。

王先生和夫人带着一位翻译同一位外商洽谈生意，外商见到王先生的夫人后，便夸赞道："你的夫人真是太漂亮了！"王先生客气地说："哪里，哪里。"翻译听到这话，心想可碰到难题了，这"哪里，哪里"怎么翻译呢，最后，他翻译成了："Where, Where?"外商听了，心中感到疑惑，心想，说你夫人漂亮就是漂亮呗，还非要问具体漂亮在哪里？于是，外商笑着回答说："你的夫人眼睛漂亮，身材好，气质好……"说完，大家都哈哈大笑了起来。

这个有趣的故事告诉我们，在赞美他人的时候，一定要在心里问自己"哪里、哪里"，对方漂亮在哪里，好在哪里，这样，你的赞美由于有了针对性而打动对方，甚至，有可能会产生神奇的效果。我们要明白，当我们赞美对方"真好""真漂亮"的时候，他内心深处就立即会有一种心理期待，很想听听下文，到底"好在哪里""漂亮在哪里"，这时，如果没有针对性的表述，对方该是多么失望啊。

这天，公司的职员小路心情特别好，她觉得公司特别温

馨，每个同事都很可爱，甚至主动承担了上司布置下来的工作任务。她自己都说不清楚这到底是因为什么，可能是她今天穿了新的裙子，更可能是她在刚走进公司门口的时候碰到了同事小娜，虽然，她们平时交谈不多，但是，小娜看见穿着新裙子的小路，脱口就说："哇，你的裙子真漂亮！款式很适合你。"可能，小娜也没想到自己一句最普通的赞美，会给小路带来好心情。

对于漂亮的女同事，就需要赞美其装扮，因为漂亮的外表是她们最在意的部分。小娜如此有针对性的赞美，自然会打动小路的心，而且给小路带来了一天的好心情。一般情况下，太笼统、太宽泛的赞美会给人一种虚情假意的感觉，而有针对性的赞美能让对方感觉到你是发自内心地赞美，当然，这样的赞美能很好地打动对方。

那么，如何才能做到有针对性地赞美呢？

1. 赞美对方的某个动作或行为

在生活中，泛泛地赞美很快就让我们词穷了，除了真好、真棒、你是最棒的，超不过10个词，就没什么可说了。对于不同的时间、场合，怎么才能做到有针对性地赞美他人呢？其实，我们都有感触，如果你见到一个人，不说他漂亮，而是说"今天的发型让你神采奕奕"，这样，对方是不是会更高兴呢？因此，那些空泛的赞美不如说出最让他满意的某个动作或者行为。

2.针对不同类型的人

在赞美他人的时候，我们还需要针对不同类型的人做出恰当的赞美。例如，见到一个孩子，你不能说他潇洒，而要说他聪明、可爱、懂事；见到漂亮的女人，就应该赞美其漂亮；见到男人就应该赞美其潇洒帅气。如果你对他们没有针对性的赞美，对方定会觉得你是虚情假意，又怎会被你打动呢？

先恭维对方，满足他的虚荣心

有两个钓鱼高手经常在一起比赛钓鱼。这天他们俩又相约去垂钓，结果两个人还跟往常一样各凭本事、大展身手，一会儿功夫就钓了好多鱼。

他们的钓鱼比赛引来了好多的游客争先观看。游客们看到这两位高手很轻松地就把鱼钓了上来，都十分羡慕并且有人跃跃欲试。于是就有人去买了垂钓工具也想试试手气，没想到那些不懂钓鱼的游客竟一条鱼也钓不上来。

两位钓鱼高手，一人性格孤僻不爱搭理别人，专心钓自己的鱼儿；而另一位却是个热心肠的人。那位热心肠的高手看到游客钓不上鱼的焦急情绪，就对他们说："这样吧，我来教你们钓鱼。如果你们学会了我传授的诀窍，而钓到一大堆鱼时，每十尾就分给我一尾,不满十尾就不必给我。"

双方都很乐意地接受了这样的提议。

就这样,一天下来那位热心肠的高手一直忙于给别人传授钓鱼的方法,竟获得了满满的一大篓鱼。而那些学习钓鱼的游客,左一声"师父",右一声"老师",叫得那热心肠高手的心里暖洋洋的。

当大家都围绕着热心肠的高手学习钓鱼时,那位性格孤僻的高手显得更加孤单寂寞。一天下来,却发现自己努力专心钓到的鱼还是没有同伴钓得多。

善于观察需要一个人敏锐的观察力和超然的洞察力。有时候通过细心观察,我们就可以得到意想不到的收获,也可以为自己的成功寻找一块垫脚石。故事当中的热心肠的垂钓高手就是因为通过观察周围的情况,才获得了被人恭维的机会,也拥有"授人以渔"的机会。

要想使自己的事业稳操胜券,在生活中就要学会寻找通向成功的道路。寻找成功的机会,就得有超敏锐的洞察生活的能力,有时候这种机会还需要自己去创造。那么,我们怎么样才能寻找到自己在通往成功路上的那块垫脚石呢?

1. 适时地恭维,才能获得对方的认可

在人与人正常的交往当中有一种礼仪叫作恭维。恭维不是让我们去拍别人的马屁,也不是与别人去套近乎,更不是去故意贿赂别人。生活告诉我们,在与人交往的时候需要恭维别人,而这种恭维只能是适时地恭维。

一个人要是不去学着恭维别人,那他的生活交际圈子就会越来越小。只有学会了适时地恭维对方,对方才对你有感觉,他才能注意到你的存在。例如,前面故事当中那位性格孤僻者,他没有去恭维游客,而游客也不会去和他套近乎,甚至都没有察觉到还有这样一位垂钓高手的存在。所以,要学会恭维别人,只有你先发制人,适时地恭维了对方,你才可能得到对方的欣赏和帮助。

2. 满足对方就是满足了自己

"给你5个苹果,你一个人吃了只有一种口福;当你把这5个苹果分给5个人吃的时候,你就会得到5种口福,甚至是得到了5位朋友。"生活的确如此,当你一个人满足了的时候,就会觉得孤独;当你满足了别人时,你首先在自己的心里就获得了一种满足,这样你也就心满意足了。

给别人一个苹果,既显示了自己的热心、大度,还得到了别人的认可。这样做我们既在心理上获得了满足,又在现实中获得了朋友之心,这难道不是一种满足吗?

3. 有付出就有回报

在我们的生活当中"礼下于人必有所图"的现象常有之,还有一种与之对应的现象,那就是"不求回报,只图付出"。一个道德高尚的人,无论在何时首先想到的总是别人。"雷

锋"式的付出是不需要回报的,但事实上现实还是回报了他。

也就是说,只要有付出就会有回报。当你恭维了别人,满足了对方的一个需求,哪怕只是满足了对方的一点虚荣心,你给他的形象总是好的,他就觉得欠了你一个人情,便会始终找机会还你这个人情,那时候你也就自然而然地得到了回报。而当你有求于人的时候,你要是不去恭维他,他就会觉得你这个人比较高傲,看不起他对你的帮助,他也就不会很顺利地给你做事。

试着去恭维别人,先发制人,满足他的那点虚荣心,给自己通往成功的路上多寻找几块垫脚石吧!

第八章

化解矛盾、摆脱尴尬的语言诀窍

生活中,人与人之间的言语交流总会出现一些尴尬或难堪的境地,这时候就需要我们去化解矛盾。有了矛盾就不要积累,更不要逃避,而是抓住时机,及时果断地去化解,三言两语就会调解好矛盾,从而摆脱尴尬。

和稀泥，用恰当言语缓和紧张气氛

在现实生活中，过于严肃和枯燥的东西往往不易为人所接受，所以人们会想方设法把它变得灵活些、有趣些。人们把这种方法叫作"打圆场"。其实在交际场合中也是一样，如果某个较为严肃、敏感的问题搞得双方都很尴尬时，我们同样可以通过适当的语言技巧给自己圆场，从而轻松化解尴尬，使交际活动得以顺利推进。

有一次，一位著名演员及其丈夫举办一次敬老宴会，请了文化艺术界许多著名前辈来参加。90多岁的老画家由他的看护陪同前来。老人坐下后，就拉着一个年轻女演员的手目不转睛地看。过了一会儿，老人的看护带点责备的口气对老人说："你总看别人做什么？"老人不高兴了，说："我这么大年纪了，为什么不能看她？她生得好看。"老人这么一说，女演员顿时脸红了，弄得大家很尴尬，此时这位女演员笑着对老人说："您看吧，我是演员，不怕人看。"大家听了都哈哈大笑，尴尬的气氛也一下子被化解了。

生活中发生的一些猝不及防的意外事件，往往会让当事者遭遇意想不到的尴尬。这时如果利用突发事件与语言间的关系机智巧妙地给自己圆场，不但可以让自己轻松摆脱尴尬，还会让气氛变得更加热络。那么，当我们遇到尴尬时，该如何为自己圆场呢？

第一，如果因某个较为严肃、敏感的问题让自己陷入尴尬境地时，我们同样可以通过幽默的解说来给自己打圆场，从而把原来闹得很僵的局面搞活，让交谈顺利进行。

第二，人际交往中，当自己因一个不合理的举动而陷入尴尬局面时，最为行之有效的打圆场方法莫过于找一个视角或借口，以合情合理的依据来证明对方的举动在此时是正当的、无可厚非的。这样一来，个人的尴尬解除了，正常的局面也得以继续下去了。

在交际活动中，尴尬往往是因交际的双方或局外人彼此不甚了解，进而做出一些让对方迷惑不解的举动引起的。对此，我们可以采用故意曲解的策略，假装不明白尴尬举动的真实含义，给出有利于局势好转的理解，进而一步步将局面朝有利的方向引导过去。

不想回答时，不妨用模糊语言作答

在现实生活中，有很多的事情会在我们没有思想准备的情况下发生，也有很多的问题会让我们左右为难。在这种情况下，如果选择沉默或者拒绝不免会给交际双方带来不好的影响，也会让自己在别人心中的印象大打折扣，我们不妨用模糊的语言来做出回答。

模糊的语言是一种重要的交际手段，同时也体现了一个人随机应变的能力。在一些不必要或者不可能把话讲得过于清楚的情况下，完全可以运用这种表达方式，既避免了尴尬的气氛，又让自己得以解脱，同时还不会给别人带来负面的心理影响。

在社交场合游刃有余的人，都懂得"模糊语言"的正确运用。模糊的语言能够用恰当的方式、微妙的语言，对别人的问话或者请求做出有余地的回答，既不会因为生硬的拒绝给对方带来不快，又能够保全双方的面子，从而避免了后顾之忧，同时还能够避免事与愿违的尴尬和承担后续的责任。

一艘豪华客轮在即将到达旅游点的时候突然停了下来，原来是客轮的驾驶室里出现了一些问题。游客们在经过几十分钟的等待之后，终于忍不住内心的不满和焦躁，纷纷把矛头指向导游，质问事先为什么没有做检查，追问客轮什么时候才能重新起航。面对情绪激动失去理智的人们，导游却是镇定自若，脸上一直带着微笑，心平气和地向大家解释："请大家不要着急，客轮并没有什么大问题，只是出现了一点小毛病而已。技术人员正在做检查，一会儿就修好了。为了大家的安全，请大家耐心地等一会儿，不要走远，更不要站在危险的地方，马上就要起航了。"导游不断地重复着这些话，游客们的心情也慢慢平静了下来。

导游在回答旅客的质问时，用了一连串的"一会儿""马上"等词语，既避免了游客的情绪再度波动，又因为没有给出确切的答案从而给自己留有余地。不妨试想一下，如果导游为了安抚游客，盲目地讲"15分钟之后就可以起航了"，15分钟之后客轮依然停留在原地，很可能就会激起游客的怒火。之后，将自己逼往绝境的导游再做出任何的解释都是没有用的，反而会加重游客的怨气和怒气。

模糊的语言可以作为一种缓兵之计，当别人问一些你没办法回答的问题的时候，如果委婉拒绝不能起效的话，你就应该用一些模糊的语言来搪塞一下，这样既可以让自己从麻烦中摆脱出来，又能够不伤及对方的面子。一个聪明的人，在敏感话题上从来不言之凿凿，也不会生硬拒绝，而是懂得用一些模糊的语言来保全双方的面子，这样既为自己留了一条后路，又避免了一些不必要的纠纷。

模糊语言的表达形式是多种多样的，如闪烁其词、答非所问、避重就轻等，但归根结底就是不要把话说得太死，给自己留有余地，也在给对方留足颜面的同时使其对以后的交往存有更大的兴趣。

在现实生活中，有很多的敏感性话题让我们无法做到坦诚布公的回答，但是又因为考虑到双方的颜面而不愿意做出生硬的拒绝，那么就要在说话中讲究一些策略，用模糊的语言回答别人无心或存心的话题，做到既有力度又不伤人，这样的谈话方式会让你的口才能力上升到一个新的台阶。

现实生活中，有很多的问题需要用模糊的语言来回答。当别人问你"月薪是多少"的时候，你不妨说"聊以糊口罢了"；如果有人问你是怎样结识一个大人物的时候，你不妨说："这是个很复杂的过程，等以后有时间了，我再详细地告诉你。"当别人打听到你父亲的朋友就是你所在公司的领导时，故意问你："你在这家公司应该不错吧？"你可以说"全托您的福"等。这样的回答既显示出你的热情，又能巧妙地躲避掉那些不愿意回答的问题。

模糊的语言是日常生活中随机应变的一种重要方法，常常用于一些不必要或不可能把话说得太死的情况。这个时候，我们就可以很巧妙地运用这些模糊的词语，避免给人一种圆滑的印象，在你不确定的时候，就不要说大话。

巧妙转移话题，及时缓解局面

在谈判过程中，针锋相对的尴尬局面随时都有可能发生，任何话题都有可能形成分歧与对立。从表面上看，僵局产生往往往是防不胜防的,但其实,真正令谈判陷入危机的原因是双方感到在多方面谈判中期望相差甚远。对此,谈判专家总结说:"许多谈判僵局和破裂是由于细微的事情引起的,诸如谈判双方性格的差异、怕丢面子,以及个人的权力限制,等等。"有时谈判的一方会故意制造僵局,他们有意给对方出难题,搅乱视听,甚至引发争吵,这样迫使对方放弃自己的谈判目标而向己方的目标靠近;有时则是双方对某一问题各持自己的看法和主张,从而产生意见分歧,这样越是坚持各自的立场,双方之间的分歧就会越大。当然,不管出于何种原因导致的僵局,作为谈判的一方,我们应该及时缓解局面,以灵巧的策略缓和场面,巧妙转移话题,打破僵局,促进谈判的顺利进行。

在谈判中,双方为一个话题争论不休,甲方代表说:"我希望贵公司能对我们所提出的要求予以答复,否则我们之间没什么好谈的。"乙方代表则无奈地表示:"关于这个问题,我已经说过很多次了,确实没办法达到你们所提出的要求,以我们公司目前的规模来说,真的是难以办到。我只希望你们能降低一些要求,这样我们双方之间也能达成一个协议。"听了乙方代表的回答,甲方代表摇摇头,说道:"对于这些条件是没有任何商量余地的。"说完,就打算起身离开了。

这时乙方代表中的一位先生开口说道:"大家都说了一个上午了,恐怕肚子早饿了吧,我早就听说这酒楼有几道招

牌菜，还没尝过呢，要不，咱们先吃饭，吃过饭再说这个问题。"听这样一说，甲方代表也觉得自己饿了，于是点点头，双方坐了下来，开始聊起各地方的名菜。

眼见对方要起身离开，僵局已然形成，若是再不想办法进行挽救，那本次谈判就宣告失败了。这时灵活多变的乙方代表中的一位先生及时地转移了话题，让大家把注意力放在吃饭这个问题上，僵局的场面也得到了缓和。

那么，在现实生活中，我们该如何做到缓解僵局呢？

1. 灵活转移话题

当僵局已经造成，不妨短暂地结束这个话题，如"关于这件事，正如先生所言，的确非常有道理，但是暂且先谈刚才那个提案""正如你所言，这是非常重要的问题，所以稍后调查再做报告，在这之前先说说这个问题""这些宝贵的意见暂且先搁置，我们不妨换个角度看看"。

2. 先声夺人

在对方完全摊开话题之前，你先换个话题，不时地还向对方征求意见，让他发表高见，并向他讨教解决问题的方法，而且自己保持诚恳的态度。这样就能不给对方喘息的机会，以及再提原来话题的时间。

在谈判过程中，由于双方所谈问题的利益要求差距比较大，而彼此又不肯做出让步，导致双方因暂时不可调和的矛盾而形成针锋相对的局面。谈判桌上之所以出现这样的局面，其原因是双方的观点、立场的交锋是持续不断的，当利益冲突变得不可调和的时候，僵局便出现了。当僵局出现后，如果不进行及时的处理，就会对接下来谈判的顺利进行产生不利的影响。当然，谈判过程中出现针锋相对的局面，并不等于谈判的破裂，不过它还是会严重影响到谈判的进程。这时，我们需要灵巧地转移话题，突破僵局，等到气氛融洽之后再重新回到谈判桌上来。

面对他人的无理取闹，临危不乱

什么是恶意顶撞？恶意顶撞一般用来形容晚辈对长辈，或者下级对上级。通常情况下，礼节要求晚辈对长辈应该尊重，下级对上级应该尊重。然而，生活总是变化无常，而且情势也总在短时间内产生巨大的变化，所以，也就导致在一些特殊情况下，晚辈会顶撞长辈，下级会顶撞上级。通常，这种顶撞是有意为之，也因为给对方造成很大的伤害，而被称为恶意顶撞。

假如你是上级，面对下级的恶意顶撞，你是忍气吞声，佯装没有这回事，还是马上火冒三丈，甚至将其当场开除？即使是脾气再好的人，也有被气愤冲昏头脑的时候。实际情况是，

假如在遭到别人恶意顶撞时，你不假思索地奋起反击，以牙还牙，那么一定会降低你的身份。即便是要表现出自己威严的一面，也没有必要以以牙还牙的形式。例如，我们完全可以在下属恶意顶撞之时，波澜不惊，过后再想办法教会下属规矩。需要注意的是，有些下属的恶意顶撞是挑衅，一定是有用意的，职场如战场，上下级关系也难以避免地会在短时间内发生戏剧性的变化。这就使得情况更加复杂，我们尤其要留心他人的恶意顶撞。当然，当恶意顶撞发生在晚辈与长辈之间时，情况就简单多了。通常情况下，晚辈是会尊重长辈，并且对长辈表现出顺从。然而，当他们因为某个问题发生尖锐冲突时，恶意顶撞也就在所难免。一般情况下，晚辈对长辈的恶意顶撞，心机的成分很少，大多数是情绪激动所致。既然如此，假如长辈也跟着晚辈一起情绪激动，则一定会将矛盾推向不可调和的局面。唯有保持淡定冷静，长辈才会更加具有威严，也更容易在理智之中寻找到解决问题的办法。总而言之，不管是职场上，还是生活中，也不管是上下级之间，还是师生、父子之间，当遭遇以下犯上的情况时，千万不要急着发飙。要知道，愤怒一定会使人智商降低，使原本能够得以妥善解决的事情也朝着相反方向发展。既然如此，何不保持清醒和理智呢！

晓君进入公司6年了，她非常勤奋努力，才做到今天的职位。她是部门主管，负责管理20多名下属。不过，近来晓君很

第八章 化解矛盾、摆脱尴尬的语言诀窍

苦恼。因为当年和她一起进入公司的同事思彤，如今就像是到了职业发展的疲惫期，不管做什么事情都提不起兴致来，半死不活的。由于晓君的团队是负责销售的，思彤的言行严重影响到其他同事工作的积极性。为此，晓君非常郑重地和思彤谈了一次。不想，这几年来业绩始终出类拔萃的思彤根本不把晓君看在眼里，她甚至不以为然地对晓君说："得了，你也就在那些新兵蛋子面前装装大尾巴狼，在我面前就别装了。我成为公司销冠的时候你还没开单呢？！"面对如此的挑衅，晓君勉强忍耐下来。

周一例会，除了思彤，大家全都按时到达。直到例会进行到一半，思彤才姗姗来迟，连句道歉的理由都没有。晓君不由得生气，当着全部门的人面说："从现在开始，凡有未经请假擅自迟到者，一律按照旷工处理。"刚刚落座的思彤噌地站起来，气呼呼地说："晓君，我给你留面子，你可别自找难堪。"晓君不卑不亢地说："思彤，虽然你是和我一起进公司的。对于你如今成为我的下属，我也很遗憾。但是公司领导总不会无缘无故地提拔一个人，你也该想想你有几个月没有业绩了。既然你选择留在我所带领的团队，就必须遵守团队的规则。"思彤气得离席而去，晓君丝毫没有发脾气，而是心平气和地对大家说："在座的除了我，没有人的资历比思彤更老。但是，工作就是工作，团队就是团队。我们每个人，都必须放弃小我，融入团队，这样才能获得长远的发展。我希望大家以

思彤为戒。"晓君按原计划开完会议，会后，她找到总经理，申请辞退思彤。听晓君叙述完理由后，总经理经过一番考量，同意辞退思彤。在接到辞退通知的那一刻，思彤无论如何也想不明白自己为什么会被辞退。

一直以为晓君不敢对其轻举妄动的思彤，在这次事件之后，一定不会再随意地恶意顶撞上司。职场就是职场，有着严格的管理制度。作为领导，虽然知道思彤的业绩一直不错，但是当她的存在对整个团队都起到负面作用，而且威胁到作为团队管理者的晓君时，领导只能权衡利弊，壮士断腕。归根结底，一切都要服从于大局，服从于利益。

朋友们，你们在生活中是否也曾有过冲动，要与上司对着干呢？或者，你们作为上司，也曾经被下属恶意顶撞过。作为一名管理者，要想管理卓有成效，最重要的就是提高自己的威信。当然，歇斯底里的发狂远远不是领导者所为。真正的大将风范，就是临危不乱，即使面对下属的无理取闹，也依然能够淡定从容，做好自己该做的事情。

峰回路转，妙语打破僵局

在日常交际中，人们常常因固执己见而争论不休，因为一句不适当的话而冷场，或者因为突发状况而形成难堪情境，等等，各种原因都会造成僵持的局面，难以缓和的气氛横亘在交流双方之间，整个场面就如同冰山一般冷掉了。这时候，作为当事人或者局外人，需要适时地说几句话来打破僵局，化解尴尬的气氛，使交流得以正常地进行下去。

生活中难免发生一些猝不及防的意外事情，这会让当事人遭遇尴尬或不快，甚至引发不必要的麻烦，轻则令人恼心，重则在心里结下疙瘩。

20世纪50年代，在中国的一次国宴中，外宾看见一盘肉汤菜中笋片的样子是法西斯纳粹标志的形状，感到迷惑不解，于是询问周总理。

周总理一看，发现是民族图案"卍"翻滚后形成的，便解释说："这不是法西斯标志，是中国传统图案，叫'卍'字，象征福寿绵长，是对客人的良好祝愿！"接着他又风趣地说："就算是法西斯标志也没有关系嘛！我们大家一齐来消灭法西斯，把它吃掉！"听了这机智巧妙的解说，宾主哈哈大笑，气氛更加友好热烈，这道汤菜很快被吃了个精光。

由于中国传统图案"卍"字符与法西斯的标志相似，造成了尴尬的局面，在外事交际活动中，出现这样的事情当然令宾主都很不悦。这时候，随机应变的周总理将严肃问题诙谐化，

解释了"万"字符，而且还号召大家吃掉"法西斯"，简单的几句话打破了僵局，也令僵化的气氛活跃起来。

有一次小娜和几个同事一起去参加省里的业务考试，当她们走进考场时，只见阿梅的桌子上钉有三颗大钉子，且凸出很高。不难想象，这不仅会刮衣服，同时也会影响答题的速度。阿梅一脸的怒气要求监考老师换桌子，可监考老师说："现在不能换，别违反考场纪律！"阿梅气得柳眉倒竖，连说："真倒霉，不考了。"小娜见了连忙说："有几颗钉子算什么！"阿梅说："你说得轻松，这可是三颗钉子，躲都躲不过去呢！"小娜说："你太幸运了，我还求之不得呢！"阿梅说："你别拿我开心了，这么倒霉的事要让你碰上，你还能说幸运？"小娜说："你知道这三颗钉子说明了什么吗？这叫板上钉钉！说明你今天的三科考试铁定都能过关。"阿梅听后马上转怒为喜："借你吉言，我要是三科都及格了就请你吃饭。"结果一个月后发布成绩，阿梅果然三科都顺利过关。

本来桌子上有三颗大钉子是令人生气的，更何况还要坐在这里考试！这时候，小娜为了打破僵局，在阿梅气恼成怒的时候，将"板上钉钉"的俗语与考试联系起来，积极地联想，冒出吉言"三科铁定都能过关"，这话正好说到阿梅的心里。于是，僵化的气氛化解了，阿梅在小娜的吉言下获得了好成绩。

在日常交际中，如何利用三言两语打破僵局呢？

1. 幽默解说

在交际场合，过于严肃和枯燥的气氛往往不被人们接受，这时候就需要用幽默的语言把它变得灵活些、有趣些。有时候，一个敏感的问题能使整个场面僵掉，甚至妨碍正常交际的进行，这时候就可以通过幽默的解说将问题诙谐化，打破僵局，使交际得以顺利进行。

2. 强调问题的合理性

有时候对方可能是因为在特定的场合做出了不合时宜、不合情理的举动，这令旁人看起来很费解，导致整个局面的僵持，这时候我们就需要找一个角度或借口，强调对方行为的合理性，这样就能打破僵局，缓解气氛。

3. 利用谐音巧解

有一个货车司机的车牌号码是"16444"，亲戚朋友都说这个数字不吉利，车主一下子无言以对，这时候，有人却说"大爷，你这个号码好，它们可以理解为'多拉发发发'，只要你多拉货，就一定能发财"，利用谐音巧解，打破了僵持的局面。

4. 逆向思维

面对突如其来的尴尬局面，当事人无可奈何的时候，我们可以跳出固定思维，从问题、事情的反面去思考，做出让双方都满意的解释，打破本来僵持的局面。

第九章 委婉而言,随机应变的口才技巧

日常交际中,人与人之间的沟通是双方面的,有问有答才是真正的交流。在与人沟通的过程中,不仅要问得巧妙,回答更需要讲究技巧,懂得随机应变,不同的问题有不同的回答技巧,这样沟通才能有好的效果。

共情沟通：让谈话更有效的方法

迂回曲折，适时说点柔软的话

老子有一次讲学，问他的学生，是小草强大还是大树强大，学生说大树强大。老子又问，那大风来了是小草先倒还是大树先倒，学生说大树先倒。老子问是牙齿坚硬还是舌头坚硬，学生说牙齿比较坚硬，老子说，我这个年龄牙齿不在了舌头犹存。通过与学生的问答，老子阐述出"以柔克刚"的深刻道理。在辩论中，能够快速影响对方心理的方法不是直接的方法，而是迂回曲折的方法。唇枪舌战，如果双方以硬碰硬，只会两败俱伤，而且也难以驳倒对方，这时不妨运用语言的"太极术"，以柔克刚，达到自己的目的。强硬的语言说得再多，只会让辩论越来越激烈，而并不能获得一个正确的结果。既然这样的说话方式并不能发挥出作用，那不妨说点柔软的话，试图与对方达成共识。

亚伯拉罕·林肯出身鞋匠家庭，而当时的美国社会非常看重门第。林肯竞选总统前夕，在参议院演说时，遭到一个参议员的羞辱。那位参议员说："林肯先生，在你开始演讲之前，我希望你记住你是一个鞋匠的儿子。"林肯看看他，没有表现出愤怒的样子，而是深沉地说："我非常感谢你使我想起我的父亲,他已经过世了,我一定会永远记住你的忠告,我知道我做总统无法像我父亲做鞋匠做得那么好。"

听了林肯这一席话,参议院陷入了沉默,林肯又转头对那个傲慢的参议员说:"就我所知,我的父亲以前也为你的家人做过鞋子,如果你的鞋子不合脚,我可以帮你改正它。虽然我不是伟大的鞋匠,但我从小就跟随父亲学到了做鞋子的技术。"他又对所有的参议员说:"对参议院的任何人都一样,如果你们穿的那双鞋是我父亲做的,而它们需要修理或改善,我一定尽可能帮忙。但是有一件事是可以肯定的,我无法像他那么伟大,他的手艺是无人能比的。"说到这里,林肯流下了眼泪,所有的嘲笑都化成真诚的掌声。后来,林肯如愿以偿地当上了美国总统。

在这个案例中,林肯那番对父亲表达情感的言语使他赢得了所有参议员的尊重,而在关键时刻流下的眼泪,让他赢得了成功。试想,如果林肯强硬地反击对方,估计现场又是另一番景象,人们除了看到两人争论得面红耳赤以外,其余的什么都看不到,包括林肯的能力、才气。

现实生活中,我们应该怎样委婉而言呢?

1.声调恳切

柔和的言语还需要恳切的声调,这样才更容易打动对方。例如"天气这么热,我花大价钱办一笔赔本的买卖,我也担不

起这个责任，还希望你能够高抬贵手"，这样柔和的表达，对方很难以拒绝。

2.适当示弱

在辩论过程中，我们需要以柔软的话语来克制对方刚硬的态度，以达到自己的目的。俗话说："软刀子更扎人。"这说的就是以话语来赚怜的说话技巧吧。

《墨子·贵义》中有："以其言非吾言者，是犹以卵投石也，尽天下之卵，其石犹是也，不可毁也。"在辩论中，最忌讳的就是激烈的争论之后却毫无结果。如果每个人都以强硬的语言来表达自己的观点，估计战争的硝烟都已经弥漫整个辩论场面，这样既不能得出一个统一的正确的观点，反而会让场面更激烈、更不可收拾。这时我们需要以柔和的言语来对付对方锐不可当的气势，以达到说服对方的目的。

镇定自若，把错话说"圆"

"人有失足，马有失蹄。"在交际过程中，无论凡人名人，都免不了发生言语失误。虽然其中原因有别，但它造成的后果却是相似的，或贻笑大方，或纠纷四起，有时甚至不堪收场。

经验不足的人碰到这种情况，往往懊恼不已，心慌意乱，

第九章 委婉而言，随机应变的口才技巧

越发紧张，接下去的表现更为糟糕。如果我们能来个将错就错，借题发挥，把错话说"圆"，则可以轻松地摆脱窘境。言多语失时，最重要的就是要镇定自若、处变不惊，飞速地转动大脑思考弥补口误的方法。

在实际生活中，遇到失言的情况，有以下4个补救的小技巧可供参考。

1. 改义法

这种方法就是在错话出口之后，能巧妙地将错话续接下去，最后达到纠错的目的。其高妙之处在于，能够不动声色地改变说话的情境，使听者不由自主地转移原先的思路，不自觉地顺着说话者的思维走，随着说话者的语言表达产生情感波动。

在一次婚宴上，来宾争着向新人祝福。有一位女士激动地说道："走过恋爱的季节，就步入了婚姻的漫漫旅途，你们现在就好比是一对旧机车……"其实她本想说"新机车"，却一时口误，霎时举座哗然。这对新人的不满更是溢于言表，因为他们都是各自离异，历尽波折才成眷属的，自然以为刚才之语隐含讥讽。那位女士发觉言语出错，连忙住口。她的本来意思是要将一对新人比作新机车，希望他们能够少些摩擦，多些谅解。但语既出口，若硬改过来，反而不美。她马上镇定下来，不慌不忙地补充了一句："你们现在就好比是一对旧机车装上

了新的发动机。"此言一出，举座称妙。她又深情地说道："愿你们以甜美的爱情为润滑油，开足马力，朝着幸福美满的生活飞奔吧！"餐厅顿时掌声雷动。

2. 引申法

引申法就是迅速将错误言辞引开，避免在错中纠缠。例如可以接着那句话之后说："我刚才那句话还应做如下补充……"根据当时的情境，做出相应的发挥，这样就可将错话抹掉。

一次，上海东方电视台著名节目主持人袁鸣应邀到海口市主持"狮子楼京剧团"建团庆典。由于去得匆忙，一上场，袁鸣就闹了个口误："现在我荣幸地向大家介绍光临狮子楼京剧建团庆典的各位来宾……今天参加庆典的有……海南师范学院党委书记南新燕小姐。"这时，台下缓缓站起一位白发苍苍的老教授！咦，小姐变成了老翁！全场沉寂之后是一片哄笑……

可袁鸣自有妙招："对不起，我这是望文生义了——不过，南教授的名字实在是太有诗意了。一见到南新燕三个字，我立刻想起两句诗：'旧时王谢堂前燕，飞入寻常百姓家'，这南飞的新燕是一幅多么美丽的图画！就像我们今天的情境：京剧一度是清末的宫廷艺术，是流行于我国北方的戏曲，但是现在已经从北方流传到南方，跨过琼州海峡，飞到海南……这又是一幅多么美妙的图画啊……"

话一说完,顿时掌声、欢呼声四起。

袁鸣"口误"引起哄笑,当然先要道歉,但道歉之后并没有"服输",而是顺便立意,快速完成了新的命题构思——浓墨重彩地描绘了两幅画面:一是古诗之画,意在赞美老教授名字寓有诗意;二是现实之画,扣住京剧历史的话题,紧密联系"狮子楼京剧团"成立庆典的现场语境,天衣无缝,显示了一个主持人临场发挥的功力。

3. 移植法

移植法就是把错话移植到他人头上。例如说:"这是某些人的观点,我认为正确的说法应该是……"这就把自己已出口的某句错误纠正过来了。对方虽有某种感觉,但是无法认定是你说错了。

赵峰是上海人,就读于复旦大学,本科毕业直升读硕士,硕士毕业以后找了一个很不错的工作。一次,赵峰和小刘一起去吃饭,席间说到上海的交通问题,在上海土生土长的赵峰顺口发表评论:"上海这几年交通恶化实在是因为外地来的大学生太多,都说应该好好严格管理户口制度,二三流大学的家伙就不要再给他们机会了。"说完之后,他立刻意识到,小刘本人就是二流学校毕业,从四川到上海来发展的,于是他连忙补救道:"当然,这是少数人的说法,这种说法太片面了,任何

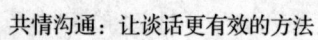

学校都有优秀的毕业生,而上海市的建设与发展,也离不开在上海的外地人的共同努力。"

4.转移法

转移法就是巧妙地转移话题和分散别人的注意力。说错了话,要学会巧妙地转移话题,化解尴尬场面。例如用幽默或玩笑的方式转移目标,把紧张的话题变成轻松的玩笑等,也可以巧妙地运用"挪移"手法,把别人的注意力吸引到其他方面。

一位老师普通话不过关,有一次上语文课,讲到某一问题要举例说明时,把"我有四个比方"说成了"我有四个屁放",一时教室里像炸开了锅,学生笑得不可收拾。老师灵机一动,吟出一首打油诗:"四个屁放,大出洋相,各位同学,莫学我样,早日练好普通话,年轻潇洒又漂亮。"老师的机智幽默赢得了学生的热烈掌声。

这位老师四两拨千斤,一首打油诗,就把自己的口误变成了对学生的激励,学生在反思之余,自然就不会再把"四个屁放"当乐子了。

在社交中,发生口误在所难免,不管你是一味发窘还是拼命掩饰,都会使事情更为糟糕。这时候要稳住心神,以上面4个小技巧为基点,积极寻找适当的补救方法。这关键是要看一个

第九章　委婉而言，随机应变的口才技巧

人的应变能力，应变能力反映一个人的机智和修养。当然，应变能力是以人生经验为基础的，只有多次实践，并总结经验，才能变得聪明老练。

用机智的语言去反驳对方

在生活中，我们难免要遇到一些没有礼貌、出言不逊的人。尽管每个出言不逊的人都有着不同的性格特征，说出来的话也有着不同的意思，但是他们却有着一个共同的地方，就是自高自大、自以为是。大凡自高自大、自以为是者都属于感性动物，并没有多少的知识沉淀和理性思维，这就要求我们在面对出言不逊者的时候不能因为对方几句刺耳的话就失去理智，被无尽的愤怒包围着。在这种情况下，我们应该保持清醒的头脑，用巧妙的语言对出言不逊的人做出巧妙应对，这样既能维护自己的尊严，又能顺利实现个人的目的。

有一天，一位女士驾车在马路上逆向行驶，在行驶过程中和一辆私家车相撞，这位女士肇事后不仅没有向受害方道歉，反而想开车逃跑，最后被交警截获。交警对她做了酒精测试，发现她是酒后驾车，决定按照酒后驾车进行处罚。这位女士不仅不配合交警的工作，反而显得有些有恃无恐，用威胁的口吻对交警说:"你们瞪大了狗眼瞧瞧我是谁!我老公是市委常委、政法委书记!你们竟然罚到我的头上来了,到时候绝对会有你们的好看!"

交警小赵不动声色,客气地问:"您的丈夫是——"

"杨勇书记!"女士得意地叫嚣着,"你们的顶头上司!"

小赵并没有被她的气势吓到,反而进行了从容不迫的反击,他说:"前些日子杨书记还到我们交警队来检查工作了呢,他一再强调交警要秉公执法、铁面无私,不能徇私枉法、假公济私。我们都牢记他的指示,现在我是在按杨书记的指示办事,作为他的家人,您更要支持我们的工作。"

女士一听,口气软了下来,但是仍然不死心,说:"难道你们一点面子也不给我?"

"既然您不支持我们的工作,那么我们也只好向杨书记打电话请示了。"小赵见状就拿出了手机,准备拨打电话。那位女士一见,连忙抓住小赵的手臂,说:"我认罚还不行吗?倒霉!"

我们从事着不同的职业,不同的职业决定了面对不同的人群,在工作中,每个人都难免会遇到种种出言不逊者,那么在这个时候,就要开动脑筋,用智慧的语言去进行有力的反驳。我们在反驳别人的过程中要注意从对方的语言中寻找漏洞,借

第九章　委婉而言，随机应变的口才技巧

助对方的话或者是理论，将对方荒谬的观点批驳得没有立足之地。

明朝嘉靖年间，海瑞在浙江省淳安县做县令。有一次，浙江总督胡宗宪的儿子来到淳安驿站，嫌饭菜不好，就把接待的官员给痛打了一顿。

海瑞得知消息之后，下令将胡公子抓进县衙。胡公子仗着自己的老子是浙江总督，根本不把这位小小的七品县令放到眼里。他来到县衙，态度十分蛮横，指着海瑞的鼻子骂道："你一个小小的县令能把我怎么样？我的父亲是胡宗宪总督，只要他老人家一声令下，别说你乌纱不保，恐怕连小命也没有了。"

胡公子说完就用挑衅的眼光看着海瑞，他原以为海瑞听到这句话之后就能乖乖地把他放了，但是没有想到海瑞并不买账。海瑞狠狠地敲了一下惊堂木，用非常气愤的语气说："你简直是在信口雌黄！总督胡宗宪大人一向勤政爱民、教子有方，怎么可能生出你这种大逆不道的儿子来？我看，你不过是个泼皮无赖罢了，假冒胡公子之名招摇撞骗、作恶多端！来人哪，把他拉出去，重责四十大板！"

衙役们听到海瑞发话，二话不说就把胡公子一帮人拖出去狠狠地打了一顿。海瑞又让人打开这位恶少带来的几十个箱子，发现里面有很多金银财宝。海瑞勃然大怒，骂道："这个恶徒真是胆大包天，竟敢冒充总督之子行骗勒索，败坏总督大人的清名。这种败坏我大明官员名声的狂徒，一定要狠狠地责罚！把他拖出去，再给我打上四十大板！"说完，不顾那个恶少的百般求饶，就派人将他拖出去又狠狠地打了一顿，还把他敲诈勒索来的银子一律充公。

处理完这件事情之后，海瑞就给胡宗宪写了一封信。信上说，他查出了一名冒充胡公子的狂徒，并且收缴了大量的赃物证据，维护了总督大人在老百姓心中的形象，至于那名狂徒该如何处置，还请总督大人示下。胡宗宪看了信之后，又急又气还无可奈何，只好一面表彰海瑞的秉公执法，一面要求将那个"冒充"自己儿子的家伙送到总督衙门来，由自己亲自处理。

面对出言不逊的胡公子，海瑞没有胆怯，更没有为了维护正义而冲动。他从胡公子的话语中寻找到破绽，拒不承认他是胡宗宪的儿子，不仅维护了正义，而且也没有给胡宗宪留下什么把柄，做到了一箭双雕。

我们在生活中经常会遇到这样的现象，明明知道出言不逊的人观点是错误的，但是却不知道如何去反驳它，最终给自己带来很大的困惑。那么，我们不妨让自己冷静下来，用机智的语言去反驳对方，就能够起到四两拨千斤的效果。因此，当我们面对一个出言不逊、大放厥词的人时，万万不能因为愤怒或者恐惧而失去了理智，一定要保持镇静，善于抓住对方话语的漏洞去进行有力的反驳，做到维护个人人格的尊严和行动的尊严。

巧妙回避，耍小花招摆脱僵局

在生活中，经常会有一些不合理、双方意见分歧比较大的问题，让我们陷入僵局，无法做到正面回答。在这个时候，我们不妨用巧妙回避、转移话题、似是而非的回答等形式来耍一些小花招摆脱僵局。

美国前总统克林顿因为与莱温斯基的"桃色事件"经常遭到记者的围攻。有一次，一个记者直言不讳地问道："总统先生，最近有很多关于您和莱温斯基小姐的报道，请问，您对这些绯闻如何评价？"在大庭广众之下被提问这样尴尬的问题让克林顿感到很为难，但是聪明的总统先生并没有被这尖锐的问题吓倒，而是从容不迫地回答说："取笑我的话已经被世人说尽了，再也没有人能够说出新鲜的话题了。"他的回答既尖锐又有力，更显得十分淡定，开玩笑的口吻中又带着反攻，一下子把记者挤进了墙角，无法再进行接下来的非难，从而让自己很轻松地从僵局之中解脱出来。

面对不同的交际对象，我们不可能用单一固定的模式去回答问题；种种意想不到的问题，无法让我们做到面面俱到地应对。生活中，经常会有一些僵局的出现，但是正是这些僵局的存在，才见证了一个人口才的高低、应对能力的优劣。为了让自己在僵局之中轻松地抽身而出，不妨用语言来耍一些"小花招"，以此打破僵局，获得交际场合中的和光同尘、一团和气。所谓的"小花招"绝不是我们想象中的耍滑头和阴险狡诈，而是一种深谙因人而异、随机应变的必备机巧。一个人在关键的时刻会耍小花招，才能够把事情处理得圆满得体。

庞先生是山西人，长期在内蒙古做羊毛生意。多年的时间里，一些做畜产品的收购站成为他最主要的货源供给地。一直以来，大家合作愉快。

有一次庞先生又到内蒙古联系货源，一家当地的大公司派人来和他谈生意。代表人员向庞先生表示，他们能够为庞先生提供足够的货源，价格和质量都有一定的保证，希望庞先生放弃和那些小收购站的合作，两家进行强强联合，这样的话就可以控制当地的羊毛价格，让双方都能有比较大的利润可赚。

从表面上看，这是一个十分划算的事情。不过庞先生心里清楚，获得高额利润只是暂时的，如果中断了和小收购站的联系，就会遭到老客户的痛骂，这个经营多年的根据地就会在别人的辱骂声中失去，以后就很难在这个地面上混下去。但是如果不答应的话，对方毕竟是一家大公司，在当地有着举足轻重的影响，断然拒绝，也会给自己带来一些负面的影响。

考虑良久，庞先生对对方的代表说："贵公司能够开出这么好的条件，对于我来说是求之不得的。我非常感谢贵公司的信任，也从心里愿意和贵公司进行精诚合作。但是，我们应该将心比心一下，这里有很多的老客户都是指望我的收购来吃饭的，假如和他们断绝生意往来，无异于打破他们的饭碗，万一弄出一点儿事来，恐怕对我们双方都未必有利。"之后又推心置腹地说："我早就渴望与贵公司进行合作，但是眼下似乎有些不妥。容我一些时间，等我们筹划出一个比较妥当的办法，只要那些收购站不闹事，我就一定按照你们的计划，只跟贵方合作。至于额外的利益，全部归贵公司所有。"

对方代表也是一个老于世故的人，知道庞先生所说的"妥当办法"是在耍滑头，毕竟，没有几年功夫是不可能想出妥当的办法来的。至于那些"只跟贵方一家定约"等承诺，只不过是美丽的说辞罢了，并没有任何实质性的意义。不过，庞先生的"耍花招"至少还是说明把这家公司放在眼里的，言语之中也多带有一丝恭敬。尽管生意没谈成，但是至少给了这家公司足够的尊重，因此这位代表也就不好再说什么，他站起来和庞先生握了握手，并说："庞先生是一个深明事理的人，在下感到佩服。这次前来，总算是不虚此行。"

共情沟通：让谈话更有效的方法

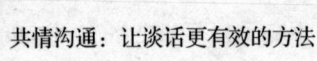

千变万化的生活中，什么样的问题都会遇到，什么样的僵局也会出现，应对这些棘手的问题，万万不可手足无措、自乱阵脚，而是应该运用一些正确的社交技巧去化解这些尴尬的僵局，让自己从狼狈和不快之中解脱出来。做到这一点，才能称得上是一个合格的社交者。

利用时机给自己解围

王华英是大学的一名政治老师，有时候她的课堂上也充满着一些时政热点。她的教学幽默风趣、讲解独到，常常使其他班的学生放弃上专业课，偷偷地来听她的政治课。

一次，王老师走进教室准备讲课时，却看到学生正在为昨晚的女排比赛议论纷纷。

面对这不在备课范围的情况，王老师并没有命令学生停止议论，而是兴致勃勃地加入讨论，谈起了自己的感想。两三分钟后同学们都静下心来听老师独到的讲解时，她却巧妙地将话锋一转。

"中国女排的胜利为中国人争得了荣誉，它证明了中国人的伟大，但是中国在科学、经济方面还很落后，被人瞧不起。我们也要有中国女排的这种拼搏精神，在科学和经济建设方面都要努力迎头赶上欧美国家。因此从现在开始，我们就得好好抓紧每一次的学习机会，认真学习每一堂课。"

王老师真的不愧为一名大学的政治老师，她凭借多年的教学经验顺水推舟，顺着学生强烈的爱国热情一推，顺势就当前中国的实际情况进行讲解，再将学生的热情与现实绑定在一叶舟上，不仅很快恢复了课堂教学秩序，还借中国女排的胜利激励学生努力学习，起到了很好的教学效果。时机不是随时随地等待我们去掌握，而是在我们不经意间就会出现的。所以我们要把握时机，不能让它从我们身边轻而易举地溜走。那么面对稍纵即逝的时机，我们怎么样去把握它，又怎么样去利用它？

1. 时机不是自己创造的

时机不同于机会，是可遇而不可求的。面对一件事情的时候，我们经常这样说，不管有没有机会都要做，有机会就把握住每一次机会，没有机会我们就创造机会去做。例如，两个人谈恋爱，但两个人整天都忙于工作没有机会见面，于是就创造机会去约会见面，男的会寻找出去送一份文件的机会，见一下女朋友。

时机就像缘分一样，不是没有见面的机会，而是两个人的缘分没到。面对那种可遇而不可求的时机，我们能做的只是等待。

2. 瞬时把握时机，顺势才能解围

"机不可失，时不再来"，说的就是在时机面前要注意把握,时机不可失去,一旦失去便不再有了。时机的出现是瞬时性的,只有把握住这样的瞬时时机,才能为我所用。就像案例当中的王老师眼前的大好时机一样,这样的时机可能就这出现一回。王老师如果不利用这次天赐的良机,而是运用命令式的语言进行表达,虽然也可达到使学生停止议论、保持课堂安静的目的,但是她无法让学生的思维从女排比赛中走出来,在校园里也就得不到学生对她的美誉了。

  生活中那些瞬时出现的时机太多了,要看我们怎样才能把握住时机,利用时机给自己解围,给自己铺垫升迁的台阶。只有在一瞬间把握了时机,才能顺势利用这次时机来为我所用。

第十章 择言而谈,成功的交谈需要把握尺寸

生活中,凡事要有分寸,尤其是说话要注意分寸。如果言语没有分寸,就会有冲突,就会出现是非,彼此就会不欢而散。所以,我们在说话时要择言而谈,别总拿过来就说,而是要掂量掂量再说。

给对方说话的机会，而不是你滔滔不绝

大家应该经常见到这样一个现象：聊天中，很多人特别能说，如果你跟他说会儿话，你根本没有插话的机会，渐渐地你不再敢跟他攀谈，因为你还有很多事要做，一旦他聊起来，你就无法走开。是啊，能说会道是本事，可是凡事都有一个度，如果你说得过多，那就引不起别人的敬服，而是厌恶。

朋友们，如果我们同别人谈话时自己一个人滔滔不绝、没完没了，不给别人说话的机会，我们所得到的只能是对方的厌恶。所以，我们要想让对方喜欢自己，就要给对方说话的机会，而不是你一个人滔滔不绝。

阿娇是一家专卖暖手宝的销售代表，他的销售业绩一直不是很好。

一天，组长派他去向一家经销商推销他们公司新推出的暖手宝。这家经销商是位大客户，老板姓林。阿娇心里想：我一定要抓住这个机会。

阿娇："林老板，您好，我是××公司的业务员，大家都叫我阿娇。"

林老板："嗯，请问你有什么事情？"

第十章 择言而谈，成功的交谈需要把握尺寸

阿娇："我们公司是专门生产暖手宝的，不久就是冬天了，您如果购进一批暖手宝，一定能够畅销的。"

林老板："是的，快冬天了，确实是一个需求，可是……"

阿娇："这一类暖手宝是我们公司新研发出来的，是通过国家质量认证机构认证的，质量非常有保障，使用安全，外形美观，非常值得拥有。"

林老板："可是我们去年购进的那一批还没有卖完……"

阿娇："林老板，您的这几家超市生意都这么好，一定能卖完的。我简单说一下，我们的暖手宝种类非常多，有情侣款的，也有可爱款的，还有定制款的，不仅质量安全，而且外形美观，绝对受欢迎。林老板，要不，您还是先看一下图片？"

林老板："嗯……"

阿娇："您看一下……"

阿娇："这是我拿过来的样品……我可以给您留一个样品，要不这样吧，我现在就给您示范一下，您可以试试我们暖手宝的保温效果。"

林老板："咱这样吧……"

阿娇："对了，我这里还有很多图片，有大家关注的内部安全结构保证材料，保证客户用着放心、舒心。您再看一看？我们公司一直致力于研发暖手宝……"

林老板："你能不能听我说一句！"

阿娇："林老板……"

林老板:"行了,行了,我这里不需要暖手宝,你可以回去了。"

向新客户推介产品时,还没弄清楚客户的需求,就迫不及待地展开演说,在心理上就让客户产生反感。销售员不要一上来就慷慨陈词,应该通过各种方式了解客户的真正需求,有针对性地进行产品介绍。如果你一直不给对方说话的机会,那么你的销售工作肯定会以失败告终。

朋友们,什么是好口才,你真的知道吗?我们一定要记住,说得多并不是口才好。好的口才是指一口气说个没完没了吗?好口才是指无视他人感受,忘我地发表演讲吗?好口才是指对一件琐事说个七遍八遍吗?这些都不是,这些是惹人厌烦的啰唆、唠叨。如果你还以为好口才是说得多,你还在喋喋不休,还在滔滔不绝,那你真的应该清醒一下了。

那么,我们该怎样做到择言而谈呢?

1. 少说多听,用心听

话说多了,会显得夸夸其谈、油嘴滑舌。言多必失,祸从口出,这时最好的办法是学会静心倾听。注意听,给人的印象是谦虚好学、专心稳重、诚实可靠;认真听,能减少不成熟的评论,避免不必要的误解;善于听,让你拥有丰富的人脉资源。

2.简化你的行为举止

要成为魅力四射的交谈、聊天对象,并不一定非得去学习新花招、刻意表现精心设计过的行为举止,或者提高你谈话的技能。成功的聊天也可以是"化繁为简",你只要改掉聊天过程中一些比较令人讨厌的习惯,就能成为聚会中"最受欢迎"的人物。

3.培养自己分析问题的能力

透过现象看本质,只有对一件事情了解透彻后,我们才能分清这件事情中什么是重要的、什么是不重要的、这件事的内核是什么,掌握了这些,我们再向别人表述时才知道要说哪些内容、哪些内容是可以不说的。

的确,话多不如话少,话少不如话好。谨言慎行,乃君子之道。许多时候我们必须开口,但重要的是,要有足够的自律力控制言行。语言简洁明快,即使片刻的沉思,也会使我们头脑中的思路更加清晰,说出的话更准确、有效。

谨言多听,别总是喋喋不休

俗话说:"言多必失,言多必败。"聪明人都懂得谨言多听的妙处,一个看到什么就想说什么、想到什么就说什么的人,无论他多么富有才华,都算不上一个有智慧的人,口无遮拦便是他致命的弱点。有人讽刺那些喋喋不休的人像一艘漏水的船,每个乘客都急着逃离。

张强今年31岁了,俗话说,"三十而立",张强到了该成家的年纪,而他依然单身,所以张强的爸妈常常催促他。

爸妈托他们的熟人王阿姨给张强介绍了个对象,让他们在休息的时候见一次面。周六这天,张强收拾利索便出发了。到了约定的餐厅后,张强发现女孩已经到了,便不好意思地说:"今天路上有点堵车,所以来迟了,对不起啊。"女孩很体谅地笑了笑,两人就算是正式见了面。

服务员为他们点完餐之后,张强便主动地介绍起自己的情况。张强说了自己的学历、工作情况、个人爱好,女孩就一直微笑着倾听。张强说完以后,女孩慢慢地说:"我感觉你很优秀啊,那为什么到现在还是单身呢?"张强苦笑着说:"我也不知道啊,我感觉自己也没有什么明显的缺点,不知道为什么感情总是不顺利……"张强打开了话匣子,开始向女孩历数自己交往过的几个女朋友。每一个女朋友他都挑出了几个毛病,总结说是缘分不到,所以才没有碰上让自己满意的。女孩听着张强的诉说,只是淡淡地回应。吃完饭后,两个人礼貌地互道再见。

张强回到家后,爸妈问他感觉怎么样,张强皱着眉头说:"我对这个女孩感觉挺好的,比较合心意啊,可是一直都是我

第十章 择言而谈，成功的交谈需要把握尺寸

在说话，她基本不吭声，也没什么态度，我实在搞不明白她心里是怎么想的。"爸妈没办法，只能通过介绍人王阿姨探听一下女方的意思。第二天，王阿姨打来电话说："其实，那个女孩对张强印象也挺好的，觉得他比较优秀。但是女孩觉得张强和她性格可能不太合适，她觉得张强太挑剔了，说了那么多，每个交往过的女孩子似乎都有不少毛病，像他这样很难找到满意的对象。"最后，王阿姨语重心长地说："你们家张强啥都好，就是太能说了，有些口无遮拦，不该说的别说了，以后再谈对象一定要注意点儿啊。"

有时候说话切不可太直，不要以为你如实相告了，别人就会感激涕零。要知道，这种无所顾忌、率性而为的行为很可能会伤害到对方。因此，言辞委婉，尽量多考虑别人的感受，也是一种成熟的处世方法。

"失足尚可挽回，失言无法补救"。意思是，做错事情没有关系，亡羊补牢总有机会，但如果说错话就不一样了，说出去的话泼出去的水，是无法收回的。我们要避免失言给自己带来麻烦，就要做到不信口开河，避免"说者无意，听者有心"，影响自己的形象。

那么在口无遮拦的问题上，我们该注意什么呢？

1. 学会委婉表达意思

不合时宜的言谈是相当令人反感的，即便听起来很有道

理。生活中很多不愉快的事起源多在口无遮拦上,所以学会委婉地表达自己的意思,就显得尤为重要。如果你过于直接,总是夸夸其谈地诉说,那你就很容易说错话。

2. 开玩笑要注意场合

大家在和人谈话的时候,适当地开一些玩笑可以让谈话气氛更加活跃,使双方之间的关系更加融洽,同时还能显示出当事者的幽默。但是如果开玩笑的时候,不注意场合,往往就会造成适得其反的效果。不分场合的玩笑是没有笑点的,只会让人尴尬,甚至破坏气氛。

3. 逢人只说三分话

俗话说:"逢人只说三分话,未可全抛一片心。"做人要懂得有所保留,有些无关紧要的话可以和别人分享,有些私密的东西则要自己藏好,不能轻易说出来,即便是最亲密的朋友、亲人、爱人,我们也应该保留有自己的私密空间,留有自己的秘密。

说话讲分寸,我们需先注意几个前提:第一,我们应该明白自己到底是谁,第二,要看清对方是谁,第三,自己想做什么要弄清楚。这三个前提把握好了,我们才不会成为一个口无遮拦的人。把握说话的分寸,实际上就是把握交友的机遇,这样我们的人际圈之树才能更加茁壮、健康地成长。

第十章 择言而谈，成功的交谈需要把握尺寸

替别人保守秘密是一种道德

小雨有一个好朋友叫杨阳，两个人在同一家电子厂打工，关系非常好，几乎是无话不谈。小雨还没有结婚，但有了男朋友。一天，小雨发现自己怀孕了，不敢向外人说，想到杨阳是自己的好朋友，就对她说了，并且一再要求杨阳要为她保守秘密。

可是杨阳无意中向同事说出了这个秘密，导致所有同事都用异样的眼光看小雨，小雨没想到杨阳会出卖自己，恨得咬牙切齿，但是也没有办法，只好辞职走人，再也没有联系过杨阳。

在生活里，每个人都不可避免地会听到一些秘密。当听到或者获知秘密的时候，最好的选择就是闭上自己的嘴巴，因为替别人保守秘密是一种道德。如果一个人连起码的道德都没了，又怎么会受到别人的欢迎？记住，不为人保守秘密，你很快就会众叛亲离。

尼克是一家大型公司的技术部经理，能力很强，并且做事果断、有魄力，老板一直都很赏识他。有一天，一位来自美国的商人专门请他到酒吧喝酒。几杯酒喝下去之后，美国商人对尼克说："您能帮我个忙吗？"尼克有些奇怪，因为他们还不

是很熟悉，但是尼克马上说："怎么了？"美国商人说："这段时间，我要和贵公司谈一个项目，我希望你能帮帮我，给我提供一份技术资料，这样对我的谈判会更有利。""你想什么呢？这是出卖公司机密！"尼克皱了皱眉头，显然这对他来说有些为难。美国商人压低了声音说："你放心，虽然冒险，但是这对你来说是个很值得抓住的机会。我给你20万美元作为回报，而且我一定帮你把秘密守住，不让你受任何牵连。"就这样，当美国商人把20万美元的支票递到尼克的面前时，尼克终于心动了。

谈判中，美国商人借助尼克的资料，一直处于主动地位。同时，尼克公司损失惨重。事后，公司经过不断的调查，终于发现是尼克泄露的机密，于是便辞退了他。当时，尼克懊悔得不行，本来自己前景一片广阔，却为了眼前的20万美元做出了无法弥补的错事，可谓一失足成千古恨。最终那20万美元也被公司追回，用作损失的赔偿。与此同时，业内有很多公司都知道了这件事，谁都不愿意再聘请尼克了。

在诱惑甚多的现代社会，人们很容易因为一时不慎而泄露秘密，因此提高自己抵抗诱惑的能力，坚守自己的忠诚就显得弥足珍贵了。其实，你要明白，当你忠于自己的老板时，你最后得到的不仅仅是老板更多的信任，还有更多的收益。

朋友们，人都是有秘密的，假如你知道他人的小秘密，请闭上嘴巴，哪怕是对方没有叮嘱你保密，你也不要开口散播。说出去的话，总有一天会传到当事人的耳朵里，那时候你就百口莫辩了，不但你的朋友不再相信你，其他听者也会鄙视你。

那么，对于他人的小秘密，在聊天中你该如何处理呢？

1. 一开始就选择不听

若不想承担保守秘密的压抑，你也可以选择不听，这是你的权利。如果有人神神秘秘地要告诉你一件事，就算是自己的朋友，也不妨坦白相告："你最好还是别告诉我啦，我害怕听秘密。"放开无谓的纠缠，彼此独立，彼此保护，也不失为一种恰当的相处方式。

2. 闲聊时不提人隐私

隐私是一种个人的收藏品，因为再好的朋友也可能由于某种原因而导致感情破裂，让他人了解自己的隐私和主动了解他人的隐私都有很高的危险系数。为慎重起见，你应该把与隐私有关的事物拒之于门外。与人交谈时，尽量不涉及隐私话题。

3. 不要多嘴打听别人隐私

不该问的别问，这样其实也是在保护自己。你不问，或者你问了别人也不告诉你，这样你就不会得知某个人或者职场上的某些机密，即使那些别有用心的人希望通过你来打探某人或者你公司的机密也无从可知。这就是对自己的一种保护。

朋友们，不管处于何种立场，讨论他人隐私都是不道德的。小处讲，这会让人觉得你说话不注意，太不谨慎；大处讲，你整个人的素质都会被人质疑。总的来说，在生活中，多听少说的策略肯定没错。

过度劝说，容易激起对方的逆反心理

在说服他人的过程中，很多人都会犯一个错误，即过度劝说。人们劝说的原因各种各样，有的时候是想把自己不同的想法和意见灌输给他人，有的时候是觉得别人错了，因而不遗余力地想要纠正他们……不管出于哪种原因的劝说，都应该适度，否则很容易激起别人的逆反心理，导致事与愿违。偶尔，这种烦琐的劝说还会导致对方心生厌烦，最终对你的苦口婆心听若未闻。

凡事都有度，只有恰到好处，才能起到最好的效果。凡事过犹不及，这也是一个真理。因此，在劝说他人时，我们除了首先要掌握方式方法之外，还要掌握最合理的度。这个度，根据说服对方不同的性格特征，也有所不同。对于敏感和自尊型的说服对象，一旦你让他意识到他的错误，他马上就会自发地改正。在这种情况下，你只需要点到为止，不需要唠唠叨叨，否则会让对方觉得有失颜面。还有的说服对象属于厚脸皮型的,即使你说了好几遍,他依然我行我素。在这种情况下,你或者让他自己碰壁回头,或者成为一个称职的监督者,不停地提醒和督促他。还有的说服对象自尊心很强,在这种情况下,直接的劝说很容易伤害他敏感的自尊,不如采取暗示的方法最好。总而言之,每个人都有不同的性格特征,唯有针对其性格特征寻找最合适的说服方法,并且把握恰到好处的度,说服工作才能事半功倍。

洋洋交了个女朋友,是南方人,身材比较矮小。洋洋本身个子不高,只有164公分。为此,爸爸妈妈一直期望他能找个高一点儿的女朋友,这样未来孩子才有可能改善基因,突破洋洋的身高。然而,洋洋的这个女朋友只有145公分,这让爸爸妈妈无论如何也不能接受。尤其是爸爸,一想到洋洋将来的后代也许只能长到150公分左右,简直心如刀绞。最终,爸爸妈妈商量之后一致决定:趁着洋洋还没有和这个女孩有更加深入的发展,劝说洋洋分手。

爸爸妈妈开始轮番轰炸,劝说洋洋。刚开始时,洋洋还能认真考虑爸爸妈妈的话,毕竟,他自己也曾因为身高的问题非常苦恼,从心底里来说还是不希望孩子未来也和自己一样苦恼的。然而,随着爸爸妈妈的车轮战,洋洋原本动摇的心不由得厌烦起来。他气呼呼地想:找什么样的女朋友是我的自由,你们无权干涉。就这样,他在逆反心理的支撑下,和女孩继续交

往，很快就同居了。

力，总是会产生反作用力的。适当的说服，也许可以让当事人迷途知返，但是过度的劝说只会让他变本加厉。上述事例中，洋洋的表现就是最典型的例子。倘若爸爸妈妈一开始时，能够本着尊重洋洋的态度，像朋友一样和洋洋阐述他未来可能面对的困扰，洋洋很有可能与女孩分手。遗憾的是，爸爸妈妈反应过度，从劝说工作一开始，就打定主意要开展车轮战。这，无疑让洋洋非常反感。就这样，洋洋一气之下和女孩同居，把生米做成了熟饭。

生活中，我们常常需要劝说别人。在劝说别人之前，聪明人一定会将心比心，想一想如果自己是被说服的对象，是否希望别人整日盯着自己不停地说。答案当然是否定的，因为没有人希望一直被别人说。古人云，己所不欲，勿施于人。既然如此，我们也不应该用这种死缠烂打的方式去说服他人。大多数成年人都有自己的思想，也知道事情的轻重厉害。有的时候，他们只是因为一时冲动，导致思维模糊，因而做出错误的选择。在这种情况下，说服者只需要提醒他，他就会意识到问题的严重性。相反，如果对方已经打定主意坚持己见，那么即使你磨破嘴皮，也是没有效果的。综合这两方面考虑，无论是哪种情况，我们都不应该过度说服他人，甚至当说服没有效果时，就应该果断放弃说服，让对方碰壁之后自己总结经验和教训，心甘情愿地改正错误，也不失为一种说服的好方法。需要注意的是，说服并非完全依靠嘴巴去强制性地灌输，实践操作同样也能对说服工作起到辅助性作用。总而言之，说服不过度，效果才显著。

给他人留台阶，给自己留下回旋余地

我们是人，不是神仙，不可能做到面面俱到。尤其是在说话时，很多话都是顺嘴说出来，又因为受到情绪冲动的影响，导致口不择言，因而言多必失也就成为必然。在说话时，假如一不小心陷入僵局，我们到底应该怎么做才能将说出去的话收回来，也保全自己和他人呢？其实，这也恰恰是人与人之间和谐相处的秘诀之一，即言语宽容，不管什么时候，都给他人留台阶，也给自己留下回旋的余地。

清朝时期，乾隆皇帝特别喜欢纪晓岚，因为纪晓岚学识渊博、能言善辩，是诸位大臣中的佼佼者。

有一次，乾隆皇帝突发奇想，要捉弄纪晓岚。他兴之所至，问纪晓岚："爱卿，你可知道'忠孝'二字的含义？"纪晓岚毫不迟疑地回答："当然知道。君要臣死，臣必须死，这就是忠；父要子亡，子必须亡，这就是孝。"乾隆皇帝马上说:"好吧,那我让你立刻去死。""遵旨!"乾隆皇帝原本想看看纪晓岚做何反应、如何应对,却没想到纪晓岚只说了这两个字,就急急忙忙地跑了出去。

乾隆看到纪晓岚跑开,当即就后悔了,然而君子一言,驷马难追,更何况他贵为天子,一言九鼎,更不能不信守诺言。此时此刻,诸多大臣也都在看着皇帝呢,还有些平日里羡慕嫉妒纪晓岚得到皇帝宠爱的大臣,心中暗自窃喜。为了面子,乾隆皇帝只好强忍住懊悔,任由纪晓岚跑了出去。

不想,没过多久,纪晓岚又匆匆忙忙地回来了。但是,他全身都湿漉漉的,看上去就像是个落汤鸡。乾隆皇帝心中大喜,但是表面上仍然装作惊讶的样子问:"爱卿,你怎么又回来了?"纪晓岚给乾隆磕头行礼,说:"我原本是想尽忠的,没想到遇到了屈原,是屈原劝说我回来的。""哦?"乾隆皇帝心中暗自好笑,不知道纪晓岚接下去还会说些什么,因而追问:"屈原说了些什么呢?"

纪晓岚一本正经地说:"臣到了河边,正在往河中心走,屈原从水中出现,对我说:'纪晓岚,你看似聪明,怎么能如此糊涂呢!我当年投河自尽,是因为楚王昏庸无能,我看不到国家希望,不得不死。但是当今圣上如此贤明,任人唯贤,不但国家有望,你也可以大显身手,死了岂不可惜吗?还是快快回去吧,回到圣上的身边尽心尽力!'"听了纪晓岚的回答,乾隆皇帝忍不住哈哈大笑。

第十章 择言而谈，成功的交谈需要把握尺寸

纪晓岚聪明绝顶，当然知道乾隆皇帝根本舍不得让他去死，只是碍于面子无法收回成命而已。因此，他想出这样一个办法，借屈原之口，不但夸赞了当今皇帝，而且也给自己铺了台阶，从而保全了性命。正所谓伴君如伴虎，很多时候，君无戏言，哪怕是一句玩笑话，也必然要付出沉重的代价。作为皇帝身边的近臣，每时每刻都要与皇帝打交道，因而必须掌握皇帝的心思，还要有灵活机智、圆场的能力，才能逢凶化吉、化险为夷。

每个人生存在这个世界上，都免不了要与他人打交道。在与他人进行语言交流的时候，千万不要一时逞强，断了自己和他人的退路。其实，语言上占据上风没有太大的意义，除非是在辩论赛上有目的地展开唇枪舌战。在现实生活中，人们做任何事情都是有目标的，如果彼此之间能够和谐友好地达成目标，又何必要大动干戈，弄得无法继续当朋友呢！明智的人从不以语言取胜他人，而是给人留有余地，也给自己留有台阶。

请保留人与人之间的心理距离

我们不得不承认，很多时候，我们因为不善处理朋友间的关系而给自己带来了麻烦。的确，两个人之所以能成为朋友，

共情沟通：让谈话更有效的方法

是因一定的机缘，彼此互相欣赏。但实际上，感情往往是最脆弱的，你与朋友之间的关系，很可能就因为你无心的一句话而破裂。因此，任何一个聪明的人都应该明白，与朋友交往，一定要把握住什么该说，什么不该说；什么该做，什么不该做。

王丽是一个比较乐于助人、富有热情的小姑娘，但是朋友们都对她敬而远之，使得她特别郁闷。

有一次，王丽的好朋友大海穿着新买的西装参加聚会，别人都笑着恭维说："您今天真精神啊！"可是王丽却在那里大声地喊道："大海，这是你新买的衣服吗？那你可让人家给骗了，这款是去年流行过的啊！跟你说啊，也就是咱哥俩好我才跟你说实话。"话音刚落，大家发现大海的脸色难看到了极点，别人也都感到很尴尬。聚会临近结束时，大海写下自己的联系方式，别人都在夸奖他的字写得好看，"您的签名可真气派，有空的时候给我写个条幅吧。"王丽又不识相地来了一句："你们的确识货啊，我们大海的字能不气派吗！他可暗地里练了3个月呢！况且这是他写得最多的字。如果写别的，估计就不是这样啦！"此言一出，全场的人都陷入尴尬之中。从此之后，大海极少与王丽联系。

口无遮拦倒也罢了，更要命的是王丽的性格过于急躁，做事过于心急，稍微有些不合心意就发小姐脾气，让亲戚朋友感到很头疼。小时候，王丽就很没有耐心。她要的东西，必须马

第十章 择言而谈，成功的交谈需要把握尺寸

上就拿到，否则就哭闹，弄得亲戚朋友都不喜欢她。

上小学时，父母早晨都忙着上班，没时间给她梳头，她只好自己梳，行动匆忙，有时落下一缕头发没梳上去，她就气急败坏地一把拽下来。

王丽的学习成绩名列前茅，同学遇到学习上的困难便向她请教。她在认真讲解几遍之后，对方要还是没有听明白，王丽就不耐烦地说："你怎么回事？这点问题就想不明白？你学习真是浪费时间！"结果惹得同学很不好受，再也不愿意找她探讨问题。当别人要她重复一下刚才讲过的一句话时她也会不耐烦地说："我都说过了，谁叫你没听！"做事也如此，不是把同学的杯子弄破了，就是把别人的东西弄丢了。骑车有时急匆匆的，下车就走，忘了锁，已经丢失两辆车。和朋友争论问题出不了结果，就会发怒："算了，我不跟你吵，急死人了。"跟朋友一起走，朋友有点儿事，她就不耐烦地说："能不能迅速点，你真的是太磨叽了，耽误我时间。"就这样，朋友们一个个离她而去，尽管王丽很热心，但谁也不愿请她帮忙，王丽只好生活在孤独之中了。

不管是家人、亲戚还是好朋友，我们说话时都要懂得注意分寸，不可以什么都说、肆无忌惮，其实，这是一种尊重。如果你说多了，那你就极易得罪对方，甚至连朋友都做不了。每个人都有自己的空间，也有自己的面子，不要打着好朋友的名

义，更不要打着为他好的说辞来说些有失分寸的话，否则你就会像王丽一般无人喜欢。

聪明人在交友时，一定会给彼此留下一些空间，不会因为关系好而失了分寸、口无遮拦。古人常说"君子之交淡如水"就是这个意思。所以，为了友谊，为了人生，在人际交往中要和朋友保持一定的距离，该说的可以说，不该说的，当着谁的面也不能说，不要因为过分亲密而失去朋友。

在人际交往中，我们该如何把握心理距离这个度呢？

1. 不要"过于"重视朋友

对一个朋友，且不论男女朋友，不能太过于重视，否则对方会觉得压力很大，会被你的重视压得喘不过气，但又不能过于疏忽，过于疏忽可能就不会再有联系。有的朋友，你如果太重视他，会让他觉得交你这个朋友很累，就是因为你太重视他了，让他感到压力。

2. 隐私是不可触犯的底线

每个人都有自己的隐私，一般来说，人们总是喜欢把不想外人知道的心里话告诉自己的好朋友、好闺蜜。这时候，不管你们关系如何，你都要保守住对方的秘密，也不要拿他的秘密开玩笑，否则有一天，你们连朋友都做不了。

3. 说话不要太随意

我们与朋友说话也要客气，这样才能够维护好彼此之间的友谊，但是说话也不能太客气，否则会让人产生一种莫名的距离感,仿佛只有陌生人或者关系冷淡的人才会那样说话,朋友一般不会这么说话,这样也会把好朋友变成陌生人。

　　交朋友要注意心理距离,或者说要注意交往分寸。零距离的朋友在现实中是不存在的。每个人都是独立的个体,不要老是打听朋友的隐私,自己的秘密同样不要随便告诉所有的朋友,以免增加朋友的心理负担。掌握好分寸,朋友才会尊重你。

第十一章

对症下药，不同的人需要不同的交谈技巧

> 语言交际的对象是人，我们面对不同的人说话方式也不同，毕竟每个人在社会生活中有自己的性别、年龄、职业、职务、经历、民族、文化教养等特性，这些特性都会制约着人们对话语的理解和接受。

因人而异，采取不同的说话策略

在这个世界上，绝没有两片完全相同的树叶，也绝没有两个完全相同的人。很多情况下，我们之所以与他人沟通时产生障碍，根本原因就在于我们与他人是完全不同的生命个体。对于生命的独特性而言，这种差异的存在是永恒的。因而要想更加愉快地与他人交流，我们首先应该学会因人而异，采取不同的说话策略，这样才能使交流顺畅。

任何时候，我们都不应该强求别人适应我们。常言道，出门看天色，进门看脸色。这句话虽然是民间俗语，听起来话很糙，但是道理很中肯。面对不同的交谈对象，我们也应该采取不同的方式。例如在与老人说话时，我们必须非常尊重老人，给予老人合适的称谓，才能让交谈进行下去；在与孩子交流时，我们就要考虑到孩子天真活泼的本性，多说一些孩子感兴趣的话题，和小女孩谈谈芭比娃娃，和小男孩说说变形金刚，这样才能够勾起他们的谈兴；和女人说话时，如果对方是妈妈，可以说说育儿心经，如果对方是时尚的摩登女郎，那就以时尚作为话题；和男人交流，可以以车子或者是旅行作为话题，因为男人总是充满着征服的欲望，任何时候都不肯服输……反过来，假如我们和老人谈论化妆品，和男人说起芭比

第十一章 对症下药,不同的人需要不同的交谈技巧

娃娃,和女人说起养老的问题,和孩子说起医疗援助,则无异于对牛弹琴,无论我们多么努力,都会导致谈话毫无结果。从这个意义上来说,谈话能否顺利进行下去,很大程度上取决于我们对交谈对象的判断是否准确中肯。所谓看菜吃饭、量体裁衣,我们只有看人说话,才能把话说好,把话说到关键所在。

19世纪时,维也纳流行歌剧,很多上流社会的妇女一有闲暇,就会戴上高高的宽檐帽子去剧院欣赏歌剧。她们即使进入剧院,也不愿意摘下帽子,因此,她们高高的帽子总是挡住后排人的视线,导致后排的人怨声载道,不止一次地对剧院经理提意见。虽然剧院经理第一时间就要求女性观众摘下帽子,但是大多数女性观众都对其不理不睬、无动于衷。

眼看着剧院里的生意受到影响,剧院经理绞尽脑汁,终于想出了一个好办法。

有一天,他赶在歌剧开演之前,站在舞台中央对全体观众说:"各位朋友,为了给予大家更好的观看体验,剧院从即日起要求每一位观众都要摘掉帽子看戏,以免影响其他人的观看。不过,为了照顾年老体弱的女士,剧院也做出人性化规定,即年老的女士——请听清楚——年老的女士,可以无须摘掉帽子。"剧院经理的话音刚落,台下坐着的所有女性都马上摘掉了帽子。

作为女性，谁愿意承认自己老呢？尤其是要被当成年老体弱的妇女接受特殊的照顾，这是每一位女士都无法容忍的。剧院经理正是抓住女性朋友这样的心理特点，因而成功地让她们全都摘掉帽子，彻底解决了后排人视线受到影响的难题。

朋友们，在因人制宜说话的时候，我们有很多因素需要考虑，诸如听者的年龄、性别、文化水平、心理特征、情感需求、脾气秉性、当时的心境等。如果我们在说话之前综合这些因素，就能够做到有的放矢，更好地与对方交流和沟通。当然，在注意到这些因素之后，我们依然要坚持前文所说的诸多原则，诸如真诚友善、平等对待以及将心比心等，这些都是对交流的加分项，一定不能忘记哦！

言语示弱，一举拿下对方

前面，我们已经阐述，说服他人必须巧妙攻心，的确，只有把说服的话说到对方心坎儿上，才是真的说服。然而，攻心也必须做到"到什么山，唱什么歌"，我们要针对沟通对象的年龄、性别、职位等的不同，采取不同的沟通策略。我们发现，有这样一类人，他们看上去比较"强"，但很多时候是因

第十一章 对症下药，不同的人需要不同的交谈技巧

为过度自卑，与这种人交往，你若"以硬对硬"，对方往往会觉得自己没面子。其实，在这种人面前，不如"示弱"，反倒能一举将其拿下。

亨利·福特是汽车界的巨头，他经营着一家贸易公司，这家公司的业务太忙了，以至于福特的办公桌上每天都堆满了各种催款账单。通常，福特看见这些账单，都会丢给经理，让经理自己看着办，但有一天，福特却一改这样的工作习惯。

这天，福特看到一张催款账单，他二话没说，就对经理说："马上付给他。"

经理觉得很奇怪，就看了下这张账单，乍一看，这张账单和其他人的账单并没有多少区别，都有标价、金额、货物明细等，只是这账单上画着一张头像，头像正在流眼泪。

谁都知道，这个催款人并非已经到了因为急需用钱而流泪的地步，这只不过是他的小计谋而已，为的是引起对方的重视，或者博得对方的同情，但事实证明，他的方法奏效了。

同情弱者是人性天生的弱点，再铁石心肠的人，内心也有颗同情的种子，而对于那些"吃软"的人，这招更是有效。在与他们沟通时，我们不妨抓住他们的这一心理，在言语上适当示弱，在对方放松警惕心理时，再提出我们的要求，完成我们的目的也就容易得多。

生活中，我们常常会听老人们这样说："软刀子更扎人！"其实，这就是说软话的好处，当然，这并不是真的要我们做到装可怜，而是一种说话的技巧。我们在谈话过程中，要硬话软说，同时，我们的态度要不卑不亢。

那么，具体来说，我们该怎样向这类吃软的人服软呢？

1. 扬人之长，揭己所短

使用这一说服术的重心在于不着痕迹地不卑不亢地把心理优势让给对方，从而潜移默化地达到我们的目的。

有个做皮革生意的精明商人，他尤其擅长卖皮鞋，同一时间内，若别人卖一双，他一定能卖好几双，同行都感到很诧异，想跟他学点经验，没想到他只说了5个字："要善于示弱。"

这5个字让大家丈二和尚摸不着头脑，于是，他解释说："你们发现没，有时候一些顾客来店里买鞋子，他们刚开始并不会找合适的鞋子上脚试，而是先东挑西拣，对我们的鞋子评价一番，而这些评价多半都是不好的，好像他们才是设计师、专家。其实我们自己也清楚，他们只不过是希望在看到合适的鞋子的时候有利于他们讨价还价，最终以便宜的价格买到产品，那么，我们就不能扫顾客的兴，而应该学会顺应他们的思路，多恭维他们，说他们很会选鞋挑鞋，自己的皮鞋确实有不足之处等，如款式不够新颖，但绝对是经典款，鞋子底不能踩出响声,但却很软和、很舒服等。也就是说,不能将自己的产品说得一无是处,找几点你认为的这双鞋子所具备的优点,也许这正是他们瞧中的地方,可以使他们动心。他们花这么多心思、费这么多唇舌不就是证明他很喜欢这双鞋吗?善于示弱,满足了对方的挑剔心理,一笔生意很快就成功了。"这就是他卖鞋的妙招。

这里,这位商人之所以能生意兴隆,主要就是他抓住客户爱挑剔的心理,懂得示弱。客户挑剔鞋子,实际上是满意鞋子存在的某些优点,如果我们面对客户的挑剔采取反驳的态度以证明产品的可靠,可能我们是保住了产品的名誉,但却失去了一个客户。

同样,在说服中,如果我们死守自己的立场,不肯示弱的话,估计迎来的不是说服的僵局就是以失败告终。

2. 硬话软说,不卑不亢

我们在这里所说的示弱并不是真的在示弱,也并不是非得以眼泪才能博得对方的同情,只不过是一种说话的技巧,以达到你的说服目的。

有位教师,工作一直很努力,自身素质也很高,各项能力都很突出,他原以为自己完全能评上职称,但却不知道为什么,他总是评不上,最终,他想,可能是因为与校领导关系搞得不好。于是，他准备去上级领导那儿求求情。

但令他感到意外的是，这位领导表现得很冷漠，他是这样回答这位教师的："评职称是你们学校的事情，这个忙我可帮不上。"其实，这位教师早已想到这一点，于是，他立即说："我之所以来麻烦您，不就是因为学校解决不了吗？对于这个问题，我是逐级反映的，您是这方面的领导，我相信，学校领导还是会听您的建议的。另外，如果下面真的在这方面有问题，您肯定要过问的，不然问题大了，就更不好解决了，您说是吗？"这番话很奏效，这位领导很快改变了态度，事情最终得以解决。

这里，虽说这位教师是在向上级领导求情，不如说是在谈判。很明显，他的话里还有其他一层含义："您负责这方面工作，下面出现问题，您有责任处理，不过问就是失职，您要是不处理好，我就还会向上级反映。"虽然是示弱，但却显得不卑不亢，让对方不得不处理此事。

总之，如果我们所说服的对象是服软的人，那么，我们说话不可太强硬，要想让交谈结果朝着我们希望的方向发展，就需要学会适当示弱，激发起对方的同情心，令其放松警惕的心理。此时，我们就掌握了交谈的主动权，从而成功达到我们的说服目的。

第十一章 对症下药，不同的人需要不同的交谈技巧

采取激将法，轻松搞定对方

说服他人的过程中，我们会遇到这样一类人，他们性格外向、好胜冲动，但是对于我们的话，他们总是摇摆不定，甚至总是问周围其他人的意见。对于这样的人，只要我们能采取一个小小的"手段"——激将法，就能轻松搞定。

丽丽是一家商场某女鞋专柜的销售人员，一天，有位年轻时尚的小姐一边打电话一边走过来，丽丽细心听了下，"怎么可能，以我赵倩在公司的地位，就这点小事我办不到？你就等着看吧。"根据丽丽多年的看人经验，她判断出这位女顾客应该是个冲动好胜型的人。

过了一会儿，这位女顾客结束了电话，把手机放到包里，目光停在了货柜上的一款新式皮鞋上。但她只是站在柜台前反反复复地看，问一些无关紧要的问题。很明显，她很喜欢这款新式皮鞋，但又因为价格太贵而犹豫不决。

丽丽当然捕捉到了她的这种心理，于是上前问道："如果这双鞋的价格不能令您满意的话，您是否愿意再看看别的？"

没想到，听了丽丽的话后，这位女顾客却表情坚定地买下了这双皮鞋。

案例中的女售货员丽丽是个聪明的销售人员，她的问话看

似很简单,但其中却藏有很深的奥妙,从女顾客的电话中,她判断出女顾客应该是个好胜冲动的人,所以,当她发现女顾客因为价格的问题而犹豫时,便采用了激将法激发了这位女顾客的好胜心,继而成功地销售出这双皮鞋。

那么,激将法有哪些方式方法呢?

1. 明激法

明激就意在直截了当、充分利用对方的逆反心理,通过一阵"猛雷"给对方当头一棒,从而达到目的。例如,你可以这样说:"我明白,您老不帮忙,可能也是心有余而力不足吧?"这句话在他心里的分量是很重的,因为每个人都不愿意被人看扁。

2. 暗激法

暗激法就是借赞他人来贬损对方,达到激将的目的。

勾践出兵伐吴,半路上遇见一只眼睛瞪得大大的、肚子鼓得圆圆的,好像在发怒的大青蛙,勾践于是手扶车木,向青蛙表示敬意,手下人不解,问其缘故,勾践说:"青蛙瞪眼鼓肚,怒气冲天,就像一位渴望战斗的勇士,因此我敬重它。"全军将士都觉得自己受大王恩惠多年,岂会不如一只青蛙?于是相互劝勉,抱着坚定的信念,驰骋疆场,立下战功。

除此之外,我们在运用激将法的同时,还得要了解对方,因人而用。要对对方的心理承受能力有所了解，如果激而无效，那么也是白费力气。同时，我们还要掌握分寸和火候，语言不能"过"。如果说话平淡，就不能产生激励效果；如果言语过于尖刻，就会让对方反感。语言不能过急，也不能过缓。过急，欲速则不达；过缓，对方无动于衷，无法激起对方的自尊心，也就达不到目的。

为此，我们需要注意以下几点。

（1）大庭广众下，对方更容易束手就擒。这类性格的人都爱面子，在人多的时候体现得尤为明显，谁也不想让自己在众目睽睽之下丢了面子。因此，在人多的场合用激将法来"对付"这类人更有效。

（2）尊重对方，不能伤害到对方的感情。如果在上例中，售货员对那位犹豫不决的小姐说："要买就买，买不起就别看了，看你这身穿着也不像能买得起的人。"那么，恐怕那位小姐不仅不会购买，还会与销售员理论一番，因为这位销售员这样说，明显伤害了客户的自尊心，这与激发客户的好胜心的效果完全相反。

（3）激将法的目的是让客户摆脱犹豫，但要注意陷阱。

曾经有位推销员去一家纺织厂推销名牌毛衣，这家纺织厂基本上都是女工，女人都比较爱美。一群工人围过来看，其中有个很爱说话的女孩子一摸这毛衣，就说质量很差，并且价格

太贵了。没想到这位推销员好像不怎么会说话,挖苦那个女孩说:"看您穿这身衣服,就知道是买地摊货的人,恐怕一件卖给你10块,你都买不起!"这个女孩平时大大咧咧,但这时,确实自尊心被伤到了,于是,她对周围的姐妹们说:"你们作证,他卖我10块一件,我全包了!"销售员一听,只好灰溜溜地跑了。

销售员挖苦客户,结果"搬起石头砸了自己的脚",让自己下不来台,恐怕这位销售员在那个工厂再也没有市场了,他的这种做法实在没有考虑后果,"杀鸡取卵",把他以后的推销之路全部堵死了。

总之,在说服那些冲动好胜型的人的时候,如果对方不买你的账,你不妨利用他的好胜心,但我们在使用激将法时要看环境及条件,不能滥用。同时,运用时要掌握分寸,不能过急,也不能过缓。

选择恰当的方式平息对方的脾气

人际交往中,我们总会接触不同性格的人,当然,也有些人性格急躁、脾气火暴,在与他们沟通的过程中,他们总是显示出不耐烦、不够配合,很容易造成沟通时气氛紧张。与这样的人沟通，常常令我们感到头疼，毕竟脾气暴躁的人不易相处，但如果我们善用说服术，具备巧妙的沟通技巧，懂得选择适当的方式来平息对方的脾气，即便是脾气再差的人，我们也能应付自如。我们先来看看下面的场景：

一位先生气冲冲地找到销售员小李，说起了前一天在小李这里购买的录音机。

客户："你昨天卖给我的是什么录音机，我才用了一次就不能录音了。你们卖的这是什么产品？质量也太差了。"

销售员："真是太抱歉了，本来买东西是一件很高兴的事情，没想到却给您的生活添了麻烦，真是对不起。请问产品哪里出现了问题？我可以帮您进一步地解决。"（连忙放下手头的工作）

客户："我放了空白磁带，可是就是没法录音。"（态度稍有缓和）

销售员："是吗？那我们来现场操作一遍看看，我和您一起找找原因。"

小李让顾客在现场操作了一遍，结果他发现了问题，原来顾客只按了录音键，却忘记了按播放键。

客户："这，真是不好意思。"（一脸歉意）

销售员："不，是我昨天没为您讲解清楚，责任在我。如果您在使用过程中发现有什么不懂的地方或是其他什么问题，

尽管来找我。"

第二天，这位顾客又来找小李，不是为了别的，而是又买走一台录音机。

场景中的销售员小李是聪明的，面对性格急躁的客户，他拿出了足够的耐心。的确，即便顾客表现得再不耐烦，我们也不能为了图一时之快而对顾客出言不逊。因为一个销售员的态度不仅关系到销售业绩，同时也代表着产品形象。对顾客时刻保持良好的态度，是一个销售员需要具备的基本素质。

生活中，可能我们有时候会刻意地避开脾气急躁的人，或者看他快要发作时及时刹车，但是我们可以不和这样的人打交道吗？当然不可能，我们生活在这个社会中，就是要和各种各样的人打交道，并且要学会说服各种各样的人。那么，我们该怎样说服性格暴躁的人呢？

1. 用真诚换取真诚

要想表达真诚，最主要的还是在言辞上，要诚恳一些、热烈一些，用你内心迸发的热情来感染对方的情绪。其实，从心理学角度来说，真正有效的沟通必须是潜意识层面的，因为它在沟通中所占的份额是绝大多数的，也就是说，只有真诚地与人沟通，才能换取他的信任和支持。

2. 双向交流

脾气暴躁型的人虽然喜欢操控局面，但他们并不是不讲理，因此，与他们交流，你应该做到"坚持"，在听取对方的意见后，你应该表示感谢，对于你不同的意见，你应该有理有据地进行反驳。如果你真的驳倒了对方，那么，他一般都会对你刮目相看。

3. 避免争吵

任何交流，一旦转化为争吵，就会影响双方情绪，最终导致"双输"。另外，脾气急躁的人，一般自尊心都会比较强，他们不会承认自己是错误的，因此，你不妨大度一些，避免争吵。

4. 注意聆听

与人沟通，不能一味地"说"，还要"听"，尤其是这类脾气急躁的人，他们更喜欢倾诉。当然，我们"听"，也不只是简单地带着耳朵听，还需要把对方沟通的内容、意思把握全面，这样，当你回应对方的时候，才能与其想法一致。否则，如果你因为没有听清楚而急于表达自己的观点，那么，结果有可能无法达到深层次的共情。

5. 肯定对方

性格急躁的人更希望自己被认同，当然，我们在肯定他们的同时，也不是简单地对对方说"是的""对"这些话，而是有技巧可言的。你可以通过重复对方话中的关键词来表达认同，甚至可以重复对方说过的话，这就表示你曾认真听对方说话，是一种尊重和重视的表现，相信对方会对你产生好感。

总之，我们要想说服那些性格暴躁的人，一定要保持良好的态度，不要总是将问题都归结在对方身上，即便是对方的做法欠妥，我们也要用始终如一的态度打动对方。

透露点秘密，消除对方的防备之心

生活中，我们会遇到这样一类说服对象，他们性格内向、行为拘谨，因为交情不深，不愿与我们沟通，更别说接受我们的说服意见了。其实此时，我们可以主动泄露自己的一些私密小事儿，这样，当对方觉得我们对其掏心掏肺之后，也就愿意向我们透露心事。那么，彼此间的亲密感也就建立起来了。不难理解，我们都会跟与自己拥有共同秘密的死党更亲近，也更信任他们，用这样的方法打开性格拘谨者的内心、消除他们的防备之心，不失为一种好方法。

老陈从单位退休后，闲来无事，就把眼睛盯着女儿菲菲，不过话说回来，菲菲已经28岁了，是到了谈婚论嫁的年纪了。于是，在老陈的逼迫下，菲菲只得把自己交了半年多的男朋友带回家。

这天，老陈准备了一上午，好好备了一桌子菜。菲菲的男朋友是个很害羞的小伙子，在饭桌上，只顾自己吃饭，甚至不敢抬头看未来的岳父。看到年轻人这么拘谨，老陈决定好好和这个小伙子谈谈，于是，他对菲菲和菲菲妈说："厨房还炖着鸡汤呢，你们再去看看，别熬煳了。"

等二人离去后，老陈对小伙子说："小王啊，你别紧张，就把这儿当自己的家。你现在的心情我也理解，当年，我在认识菲菲妈的时候，也去见了老丈人，当时心里也是七上八下的，生怕表现不好，惹了老丈人生气……"老陈说到这里停住了。

小伙子接着问下去："那后来呢？"

"后来，菲菲他外公也说了同样的一番话给我听，我就不紧张了，因为这证明他老人家还是蛮喜欢我的。"老陈说完这番话，小伙子和老陈一起笑了起来。笑声引来了菲菲和母亲，母女俩不知道发生了什么事，问他们也不肯说。

令人高兴的是，老陈这一番话后，小伙子明显放松了，还主动向老陈敬酒。一桌饭吃下来，老陈笑呵呵地答应把女儿交给这个小伙子。

案例中的老陈是个很懂得与人拉近心理距离的人，面对拘谨的小伙子，他主动吐露了自己过去见未来岳父的经历，一番话消除了对方心里的紧张感，双方自然亲密起来。

那么，具体来说，我们该怎样通过透露秘密来让性格拘谨者敞开心扉与我们沟通呢？

（1）先多强调你们之间的共同爱好和兴趣，以拉近距离。

这里，你首先要了解对方的兴趣爱好，然后，你可以故作不知地提及自己的兴趣爱好，当双方在这一方面存在共同点之后，那么，你们便轻而易举地拉近了彼此间的距离。

的确，若与对方有共同点，就算再细微也要强调，人与人之间一旦有了共同点，就可以很快地消除彼此间的陌生感，产生亲近的感觉。这样不但可以使对方感到轻松，同时也具有使对方说出真心话的作用。

（2）在获得一定的认同感之后，再主动吐露自己那些无关大雅的"糗事儿"。

例如，当彼此聊及过去的事时，你可以一反常态，主动聊聊曾经失败的事，这比谈自己成功的事更易拉近彼此间的距离。因为老是炫耀自己成功的光荣事情，容易让人产生反感，而留下不好的印象。这样，我们首先在态度上已经示弱并表示了友好，对方没有不接受的道理。

（3）掌握一些语言上的技巧。使用"请教""帮我"等语气词，较易获得对方的好感，常用"我们"这两个字可以拉近彼此间的距离，因为"我们"可以用来制造彼此间的共同意识，对促进我们的人际关系会有很大的帮助。

其实，不只是与此类性格拘谨者沟通需要消除陌生感，在说服过程中，无论与我们交谈的人个性如何，都需要我们炒热气氛，这样，可以消除我们与他人之间的陌生感。能不能找到话题比会不会讲话更重要,而这话题,也就是交谈双方共同感兴趣的人和事。对此,我们可以主动地表露自己的一些小秘密,这样可以让对方感觉到我们的主动、大方、友好、亲切,当对方对我们的兴趣产生心理认同感后,就会与我们一拍即合,达到情感的共鸣,最终愿意接纳我们的建议。

参考文献

[1]李敬合. 再也没有谈不成的事[M]. 长春：北方妇女儿童出版社，2015.

[2]端木自在. 为人三会：会做人会说话会办事[M]. 上海：立信会计出版社，2014.

[3]张新国. 会说话会办事会做人[M]. 北京：线装书局，2015.

[4]谷原诚. 会说话的人都拥有开挂的人生[M]. 长春：时代文艺出版社，2019.